文系でも仕事に使える統計学はじめの一歩

新手小白
学统计

[日] 本丸谅 / 著　罗梦迪 / 译

北京时代华文书局

图书在版编目（CIP）数据

新手小白学统计 /（日）本丸谅著；罗梦迪译 . —北京：北京时代华文书局，2021.12
 ISBN 978-7-5699-4473-0

Ⅰ . ①新… Ⅱ . ①本… ②罗… Ⅲ . ①统计学—通俗读物 Ⅳ . ① C8-49

中国版本图书馆 CIP 数据核字（2021）第 246176 号
北京市版权局著作权合同登记号　图字：01-2019-4281

"BUNKEIDEMO SHIGOTONI TSUKAERU TOUKEIGAKU HAJIMENOIPPO"
by Ryou Honmaru
Copyright © 2018 Ryou Honmaru
All Rights Reserved.
Original Japanese edition published by Kanki Publishing,Inc.
This Simplified Chinese Language Edition is published by arrangement with Kanki Publishing, Inc.through East West Culture & Media Co., Ltd.,Tokyo

拼音书名｜XINSHOU XIAOBAI XUE TONGJI

著　　　者｜［日］本丸谅
出 版 人｜陈　涛
选题策划｜张超峰
责任编辑｜张超峰
责任校对｜张彦翔
装帧设计｜红杉林文化
责任印制｜訾　敬
出版发行｜北京时代华文书局 http://www.bjsdsj.com.cn
　　　　　北京市东城区安定门外大街 138 号皇城国际大厦 A 座 8 层
　　　　　邮编：100011　电话：010-64263661　64261528
印　　刷｜河北京平诚乾印刷有限公司　010-60247905
　　　　　（如发现印装质量问题，请与印刷厂联系调换）
开　　本｜700mm×980mm　1/16　成品尺寸｜165mm×235mm
印　　张｜14　字　　数｜200 千字
版　　次｜2023 年 5 月第 1 版　2023 年 5 月第 1 次印刷
定　　价｜48.00 元

版权所有，侵权必究

序　言

说起来，我的经历与大多数的统计学研究者、统计学专业的人相比，实在是大相径庭。因此，有必要在序言中对这一点进行说明。

我一直在商业出版社担任编辑，迄今出版了三十多本与统计学相关的书籍。单从统计学领域来看，这个数字在日本的众多编辑当中应该可以排到前十位了。

这些书籍涉及统计学、多变量分析、统计分析等统括性的主题，也包括 Excel 统计、回归分析、贝叶斯统计学等多个统计学分支，同时我也在不断地探索：究竟什么样的题材能够畅销？并从中积累了不少经验。

在这个过程中，我也积累了一些经验。比如，统计学（数学）与统计分析的差异。此前，我曾经和某位大学教授多次合作过统计·概率方面的入门书籍，可当我拜托他"下次帮忙写一本关于统计分析的书"的时候，却遭到了拒绝。

他拒绝我的理由如下："本丸先生，让我写关于统计学或统计·概率的书没问题，但统计分析这方面还是不行啊，毕竟这和统计学还是不一样的。"

于是我开始思考："统计学和统计分析之间真的有很大的区别吗？所谓的'和统计学不一样'又是什么意思呢？"

第二个意料之外的经验便是"与数据相处"，这对于我自己来说也是一次重大的转机——从公司的书籍部调动到杂志部，并且是《数据杂志（月刊）》部。专业类的数据杂志在出版业内一直不多见。

在七年的工作生涯中，起初两年间，我担任见习总编辑，之后的五年一直担任总编辑。

令人欣喜的是，即便是在"杂志的寒冬时期"，杂志的销量也增加了1.5倍。

这本数据专业杂志，每个月都会向日本全国企业发放"独自调查问卷"，并将调查结果收录在特集中。这在本就为数不多的数据专业杂志之中，更加难能可贵（绝大部分的数据杂志只发表已公开的数据）。

说起来实在惭愧，当时的我对数据处理一无所知，编辑部同事告诉我"这种问题存在多选方式，绝对不能使用饼状图进行处理"，而我并不理解这样做的原因，还需要向他们请教"为什么这样不行呢"。向专家寻求建议时，也常常被指出各种问题，"在该问题中，这个回答的选项是什么？回答时条件不足怎么办"，等等。

在调查问卷、图表处理等"统计学之前"的阶段，我也一直在不断接受基础性的指导，逐步接触数据处理，在实践中加深了理解。

此后，由于个人原因，我辞去了出版社的工作，开始做独立编辑，作为科普作家，也创作了一些数学书籍（编辑＋科普作家）。

作为编辑，我开始有机会与著名的统计学老师共同工作（他帮助我对本书内容做了检查）。由于在网络上写作，我也有机会接触到写出统计学畅销书的作者、在日本统计学会担任重要职务的人士等，这使我很方便地解决了自己遇到的统计学方面的疑问。

此外，我还收到了其他学科的专家在实践方面做出的相关指导。例如，从市场学专家那里学到了独立新市场的推论方法（类似于"费米估算"的方法）；学到了宇宙科学中使用统计学发现基本粒子的方法（比商务领域更加严密）；从丰田公司收获了大量珍贵资料，并有幸参观了丰田的工厂，等等。

就这样，我与统计学的交集越来越多，也越发感受到统计学的趣味和魅力，当然，也有晦涩难懂的部分。

▶ 专门为非专业人士编写的统计学书籍

这个世界上，每天从事数据分析工作的人、在发表论文时需要用到统计学的研究人员毕竟是少数。除此之外的人们，很少有机会在工作中用到统计学，最多也就是使用 Excel 罢了。

也许很多人都在思考一个问题：统计学对自己有什么帮助？

事实上，大多数人在初中和高中时代都没有接触过统计学[①]。在这种情况下，即使让他们自学，也很难搞明白，只会越来越迷惑。还会冒出"这个项目有什么用""为什么要讲这个"等疑问。

在思考这些问题的时候，我恰巧收到了 Kanki 出版社编辑部的邀请，希望我运用这些年来编辑统计学书籍的经验，编写一本面向统计学门外汉的书。在书中简要介绍统计学的概要、重点和难点，以及如何有效学习统计学、理解到何种程度即可，等等。

这构成了我撰写本书的契机。

当然，绝大部分的统计学书籍还是由专业人士创作的，像笔者这样经历的人写的统计学书籍实在是少之又少。正因为如此，作为一名宣扬"连接文科与理科"的科普作家，笔者有职责将统计学知识用简明易懂的方式介绍给大家。

后来证明，这样的想法有些幼稚。正式动笔之后，编辑部提出了很多意见，"这样的说明太难了""后辈提出的问题太难，很难编成对话的形式""用了太多的统计学术语，对于读者来说很难及时消化""最好不

[①] 日本现在的初中、高中教科书中已有统计学相关篇章，而过去只有"选修科目"。因为对升学考试没有直接帮助，多数人选择不学。

要出现公式，除了 sigma（Σ），分数最好也能避免出现……（什么？分数也不能出现？）"……（最后，终于答应了"可以使用分数"）。每当听到这些，我都不得不重新开始写作。

在创作完成之际，我要感谢 Kanki 出版社的古川有衣子，她对于本书怀抱着极大的热情，多次帮助我构思标题，共同探寻解决方案。还要感谢大西启之编辑部长的鞭策和鼓励。

多年以来，帮助笔者出版统计学书籍的各位统计学专家，在百忙之中提供了诸多宝贵的建议。日本数学协会副会长、埼玉大学名誉教授冈部恒治针对本书内容做了审读，长谷川爱美对本书做了细致校对。

另外，由于我对统计学的理解还不够深入，如书中有任何错误，还请多包涵。本书中如有任何内容或思维上的错误，责任在于笔者自身。

本书最大的特点在于，将统计学的各项内容形象地表达出来，试图用"一句话概括"的风格来介绍统计学。

希望读者朋友通过阅读本书拨开"统计学迷雾"，开启学习统计学的"第一步"。这对志在"连接文科与理科"的科普作家的我来说，乃是无上荣幸。

本丸谅

目录
CONTENTS

序　言 / 1

序章　垃圾数据只能获得垃圾分析结果

1. 仅有 900 个家庭的数据可以吗？/ 2
2. 这些数据值得信赖吗？/ 6
3. 统计学究竟有什么用？/ 10
4. 帮助我们了解统计学作用的三个智力题 / 13

第一章　兵贵神速，一鼓作气走近统计学

1. 在头脑中形成统计学地图 / 20
2. 将原始数据转变为一个代表值——描述统计学① / 22
3. 数据的离散程度——描述统计学② / 27
4. 通过样本来思考——推论统计学① / 32
5. 像福尔摩斯那样推理——推论统计学② / 34
6. 建立假设并进行验证——推论统计学③ / 36
7. 什么是统计分析和多变量分析？/ 42
8. 传统统计学 VS 贝叶斯统计学 / 44

第二章

不要用错数据和图表

1. 连续数据与非连续数据 / 50
2. 用尺度来划分数据 / 52
3. 名义尺度是"北海道＝1"之类的数据 / 54
4. 顺序尺度是有"顺序"的数据 / 58
5. 间隔尺度与比例尺度 / 60
- 统计学研讨课——百分率与百分点的区别 / 62
6. 等到出错就为时已晚——"饼状图禁忌" / 64
- 统计学研讨课——南丁格尔玫瑰图 / 68

第三章

理解平均值与方差

1. 平均值是代表值的代表 / 72
2. 不受极端值影响的中间值 / 77
3. 出现频率最高的最频值 / 79
- 统计学研讨课——被用来破解密码的最频值 / 80
4. 平均值、中间值、最频值三者的位置关系 / 84
5. 表示离散程度的四分位数与箱形图 / 88
6. 从平均值到方差 / 92
7. 用方差计算离散程度 / 97
8. 从方差到标准偏差 / 101

❾ 计算标准偏差 / 105

● 统计学研讨课——☆天气预报中所说的"和往年一样"是指平均值还是中间值？/ 107

第四章 亲身感受正态分布

❶ 用数据制作频数分布表 / 110

❷ 如果发现了双峰型直方图…… / 116

❸ 从直方图到分布曲线 / 118

❹ 让正态分布动起来（1）——尝试改变平均值 / 120

❺ 让正态分布动起来（2）——尝试改变标准偏差 / 122

❻ 通过正态分布看概率 / 124

❼ 利用控制图进行质量管理 / 128

● 统计学研讨课——用 Excel 制作正态分布的步骤 / 132

❽ 将两个不同的正态分布合二为一 / 136

❾ 充分利用标准正态分布 / 140

❿ 将两组不同的数据进行对比 / 146

● 统计学研讨课——庞加莱与面包店店主之间的攻防战 / 149

第五章 通过样本，推测总体的特征

❶ 要推测什么？/ 152

❷ 从整理统计学术语开始 / 154

❸ 点推测是否准确？/ 158

❹ 平均值的平均分布与中心极限定理 / 160

❺ 用区间表示的区间推测 / 163

❻ 如果样本数足够多，会发生怎样的变化？/ 167

❼ 99% 可信度时的区间推测 / 169

❽ t 分布、χ^2 分布 / 172

❾ 如何推测收视率 / 174

❿ 问卷调查的回答数量要多少才好？/ 177

● 统计学研讨课——学生的 t 分布 / 179

第六章

建立假设，通过概率来判断是否正确

❶ 验证假设是从红茶女士开始的吗？/ 182

❷ 什么是验证假设？/ 188

❸ 单方验证与双方验证 / 192

❹ 验证假设的顺序 / 195

❺ 验证要注意避免出现两种错误 / 196

番外编

人的直觉竟然完全不准

❶ 奖品在哪里，概率是 1/2 吗？/ 200

❷ 如何看待罕见病的阳性反应？/ 206

● 统计学研讨课——真是意外，相扑冠军的体重在平均值之下 / 212

序章

垃圾数据只能获得垃圾分析结果

统计学书籍通常以"平均""方差"等术语作为开篇。虽然书中用于举例说明的数据一般都真实可靠，但有时也需要了解这些数据是在怎样的背景下产生的。本章以两人对话的形式来为大家说明。

此外，对于不从事数据分析工作的人，学习统计学又有什么作用呢？我将用三个统计学问题来展开介绍。

1 仅有 900 个家庭的数据可以吗？

一旦进入统计学的世界，大家会逐渐忽视数据产生的过程。因此在本书的开篇，我通过两人对话的形式对数据产生的过程进行说明。

前辈，您学习统计学有多长时间了？

其实我并没有接受过正式的培训。通常，学校里都不会专门讲授统计学。所以无论是上班族还是学生，都只能靠自学，但自学也只能学到一些皮毛罢了。即使能理解平均值的含义，看到方差、标准偏差就傻眼了，至于推论统计学，就更是不知所云……

那您为什么会对统计学感兴趣呢？

应该是在出版社编辑了许多本统计学的书籍之后吧。当主编交代"下次你的任务是编一本多变量分析的书"时，我一脸茫然，"多变量分……析？这是个什么？"但也只能不懂装懂，回复主编"好的，我想想"，然后就置之不理了。

天啊，好惨。怪不得人们常说，除非有做一件事的动机，否则人很容易被惰性支配。那么，后来还有什么其他的契机吗？

后来，我从书籍部门调动到杂志部门，在那儿干了七年。七年间，我经常需要自己完成调查问卷的任务，也就是"自己创建数据"。这是一段宝贵的经验，大概正是所谓的"与统计学相处"吧。

咦？还经常做调查的任务啊。调查的对象是什么人呢？调查顺序又是怎样的呢？

因为是面向企业的杂志，所以选择了全国范围内的骨干中小企业作为调查对象，向它们发放问卷。我的任务是：首先进行规划并制作调查问卷，确定好当月发送给哪些企业和发送数量之后，再进行发放。问卷返回之后，进行统计，并加工成饼状图或柱状图。最后拿给专家分析，专家在此基础上撰写报告。

自主采集数据并每月刊载的数据专业杂志当时只有我们一家，当然现在也是。但自从不当主编以后，我也开始越来越多地使用"公开数据"①。

数据专业杂志的受众毕竟太少了。那么，调查问卷会发给多少家公司？回复率又是多少呢？

每次大约发给 3,000 家公司，其中 350~800 家会回复。不同主题问卷的回复率差异也很大。

---

① 相对于自主调查的"独创数据"，我们将其他公司（国家、企业）发布的数据称为"公开数据"。

350～800家？如果回复数较少，比如，只有400家回复，那么用这么少的数据进行分析，分析结果能代表中小企业的整体情况吗？是否会产生较大的误差呢？

"需要多少回答数才足够"——这个问题，当时也让我很伤脑筋。

全国共有近400万家中小企业[①]，拿到其中400家的回答，也就意味着万分之一的比例。

从结论来说，即使只有400个样本，但只要数据足够精确，结果就不会有大的误差。关于这一点，可以参照电视台的收视率，目前关东地区约有1,800万个家庭[②]，在其中900个家庭设置了收视率测定器。这意味着，每2万个家庭中有1个家庭设置有测定器。

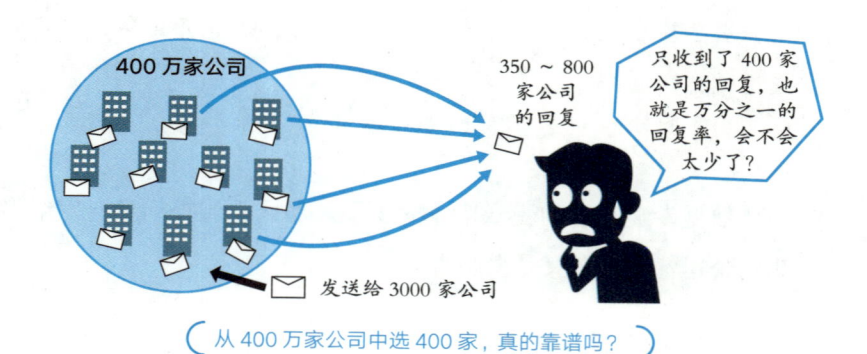

400万家公司

350～800家公司的回复

发送给3000家公司

只收到了400家公司的回复，也就是万分之一的回复率，会不会太少了？

(从400万家公司中选400家，真的靠谱吗？)

---

① 根据2017年版《日本中小企业白皮书》的统计，2014年日本中小企业的数量为381万，因此粗略地认为有400万家。

② 根据《住民基本台账（日本总务省）》的记录，关东地区的家庭数量为1,986万户（2016年1月1日）。据电视台收视率调查公司之一——Video Research公司的推测，关东地区调查区域内拥有电视的家庭数量为1,856.7万。2016年10月，该公司将关东地区的调查数量由600个家庭变更为900个家庭。

关东地区收视率调查

900 个家庭 / 1,800 万个家庭

一般情况下，"收视率"指的是家庭收视率。

① 家庭收视率

② 个人收视率

(电视台的收视率，通过关东地区 1,800 万个家庭中的 900 个来测定)

也就是说，类似于 1 万家公司中选 1 家、2 万个家庭中选 1 个，这种程度的采样比例，也可以完成调查咯？

不一定是比例的问题。"只要有一定量的数据就可以"，这才是重要的。这一点我们后面再讲。

序章　垃圾数据只能获得垃圾分析结果

5

2 这些数据值得信赖吗？

在学习统计学的时候，我们并不需要怀疑"数据的可靠性"，但在实际应用中，就需要注意"数据是怎么来的"。因为对没有意义的数据进行分析完全是白费力气。

调查问卷的事情先聊到这里。想强调一点，在数据分析的过程中，调查问卷阶段意味着"最初的数据收集"，这是非常重要的一个阶段。正所谓"garbage in, garbage out"。

我在计算机方面的书中读到过这句话。意思是"垃圾数据只会产生垃圾一样的结果"，对吧？

是的。输入不准确的数据，只会得到不准确的结果。更头疼的是，即使数据不准确，输入到 Excel 表格之后，也会得到"差不多的分析结果"。因此，如果采用调查问卷等方式，一定要重视数据获取的过程。这是一个重要的出发点，对于之后的计算有着至关重要的影响。

可是在阅读统计学书籍的时候，一般不会意识到"数据是错的"……前辈，您在数据的收集和处理方面，是否有过失败的教训呢？

有啊……有一次，当我用饼状图处理多选问题时，其他的编辑提醒我"多选问题不能用饼状图来处理，你不知道吗"，而我当时的确不知道这一点。

咦？我也不知道。话说回来，多选是什么意思呢？

举个例子，比如一个问题下面有五个选项，如果要求"从中选出唯一的一个选项"，这就是单选方式。如果要求"选出符合条件的选项"或者"选出三个以内的选项"，就是多选方式。

这样啊，我完全没有听说过。那么，应该用哪种图表呢？

（对于多选问题，不能采用饼状图处理）

对于多选问题，要采用柱状图来处理，而不是饼状图。件数、比率等都要用柱状图处理[1]，绝对不能用饼状图。用图表处理完数据之后，要让专家审核一遍，听取意见。总而言之，就是要"先看数据再分析"。

---

[1] 在商务领域，包括演示文稿在内，经常使用饼状图、柱状图等，而在统计学中，则更多地使用正态分布曲线等被称为概率分布的曲线。这些不常用的曲线使统计学给人留下一种晦涩难懂的印象。

数据分析和统计学分析是一回事吗？比如，平均值、方差、标准偏差……呃，我知道的统计学用语居然就只有这么几个。

确实也有平均值、四分位数等指标，但并没有采用方差。说是数据分析，其实目的并不是进行统计性的数据分析，而是从专家的角度解读内容和数据。最初有人提出，"这样的问题和选项，我没办法提出建议呀"。我这才意识到，"是啊，一份合格的调查问卷，不应该让回答者在选择选项时还要纠结'对于这样的条件应该怎么思考呢'，因此，一定要设置清晰准确的问题。"

条件又是什么意思呢？在提问时，一定要有条件吗？有时一下子想不到啊。

有一次，我在报纸上见到一份铁道公司发布的调查问卷，问题是："过去一周，你乘坐过几次××铁道？"这其实是不严谨的。因为大多数人外出乘坐电车时，去程和回程的路线是相同的。那么，往返一次是按照一次还是两次计算呢？为此我也询问了身边的人，结果证明，大家的想法的确有所不同。这样设置问卷，得到的数据根本不准确。

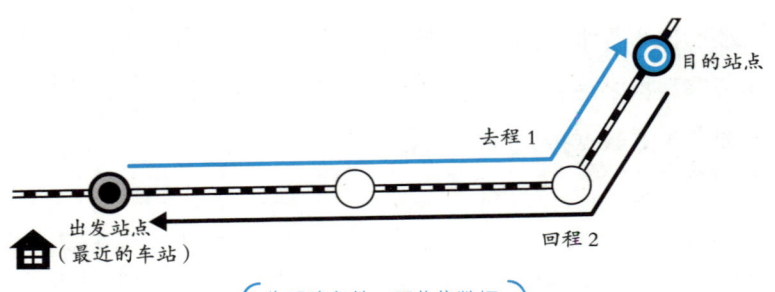

去程1

目的站点

出发站点
（最近的车站）

回程2

先明确条件，再收集数据

这样的数据没有可靠性。应该事先做出说明，比如，提前告知大家"往返一次按两次计算"。千万不能使用模棱两可的数据啊！

收集数据不是那么简单的事情。我们在学习统计学的时候，没有必要时时怀疑"手中的数据有没有问题"，但在实际应用中，一定要关注"数据是怎样获得的""条件是否清晰明确"，等等。

3 统计学究竟有什么用？

"如今，统计学在商业领域已成为热门话题，不妨学习一下"，这样想的人不在少数，但统计学学起来可没那么容易。那么，学习统计学究竟有什么用呢？

▶ 统计工作真的充满魅力吗？

"未来十年内最有魅力的工作是做统计学家。这可不是开玩笑。"[1] 这句话在商业领域一度成为热门话题，使得人们对于统计学的关注程度进一步提高。

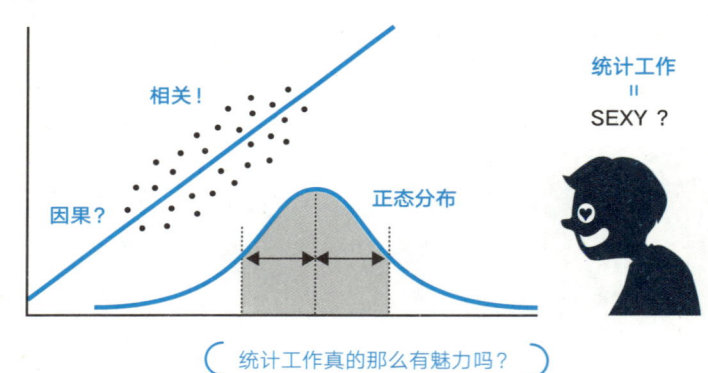

（统计工作真的那么有魅力吗？）

然而绝大部分的人，比如商务人士，并不会真的想成为一名统计学家，甚至，以数据分析作为本职工作的人也为数不多。那么，对于普通人来说，学习统计学究竟有何意义呢？大家既然埋头苦读统计学书籍，

---

[1] I keep saying that the sexy job in the next 10 years will be statisticians. And I'm not kidding. "sexy job"是指"充满魅力的工作"。这句话出自谷歌公司首席经济学家哈尔·瓦里安（Hal Varian）。

一定希望能对现实生活有所帮助。对此，我个人的观点是：

学习统计学，能够帮助大家掌握"提高成功率的方法"。

具体而言，包括以下两点：

能够提高推测力。

学会有理有据地进行说明和议论。

▶闻一知十

统计学是一种"闻一知十"的方法。有助于提高我们的推测力。

夏洛克·福尔摩斯的高明之处在于，即便和一个人初次见面，也能够迅速地掌握对方的信息，例如，他可以在初次见面的瞬间问出："您是刚从阿富汗回来吧？"下图为福尔摩斯与华生第一次见面时的推理过程。

(福尔摩斯能够一眼看穿初次见面的人的状况[①])

之后，福尔摩斯解释了为什么他能够在初次见面时准确地判断出对方的性格、工作内容、当前所处的状况。他说："一旦理解了，你会发现

---

① 此处推理来自电视剧版《神探夏洛克》之"粉色的研究"。

这其实很简单。"

　　福尔摩斯总是能够"通过观察细节准确地推断出此人的经历、出身、性格等"。既然是推测，出错也是情理之中。那么，怎样才能做到高概率的推测呢？

　　统计学与之非常相似。手里并没有全部数据（对方的详细信息），只有很少的样本数据（福尔摩斯观察到的信息）。基于现有的数据，高概率地推测"数据具有怎样的特征（对方是什么样的人）"。这绝不是胡乱猜测，而是"遵循科学的程序，做出高概率的推测（猜中）"。

　　——这正是统计学（推论统计学）的用处。运用统计学，我们可以通过少量数据来推测出"整体的状态"（称为"总体"）。仔细想来，这与福尔摩斯的推理方法是十分类似的。

　　推测力的确是通过长年累月的经验和直觉培养出来的。但也容易让人陷入盲目自信，有一定的局限性。而且，仅凭"直觉"很难说服他人。

　　在这种情况下，如果使用数值、概率进行说明，则很容易让身边的人信服。此外，当老板主观臆断地说出"根据我的经验"之类的话时，可以用数值、概率向他作出解释，也许能够避免一场冲突。统计学就是这样一个强大的伙伴。

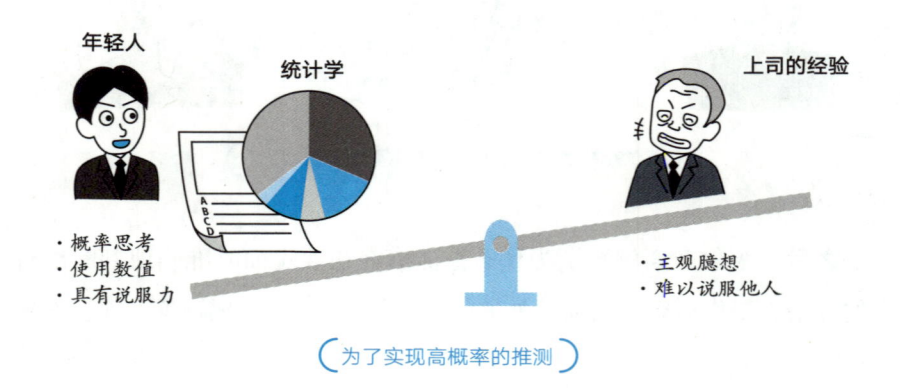

年轻人　　统计学　　上司的经验

- 概率思考
- 使用数值
- 具有说服力

- 主观臆想
- 难以说服他人

（为了实现高概率的推测）

4 帮助我们了解统计学作用的三个智力题

为了让大家知道统计学"究竟有什么用",我准备了三个统计学问题。这样大家就能够切实地感受到"原来统计学可以用在这种情况下啊"。

以下三道智力题均改编自统计学界有名的小故事。

如果是你,你会怎样处理呢?

▶ 如何判断红茶女士的话的真伪?

> **帮助了解统计学作用的智力题一**
>
> 英国的一场茶会上,一位喜爱红茶的女士告诉大家:先倒入红茶再加牛奶、先倒入牛奶再加红茶,这两种方法是有区别的。这位女士所说究竟是真是假?如何判断呢?①

这两种真的有差别。

红茶+牛奶　　牛奶+红茶

(红茶女士的话是真是假?)

---

① 红茶女士的故事出自英国统计学家费希尔(1890—1962)所著的《试验设计》一书。之后,2003年英国皇家化学学会正式在新闻公告中宣布"味道不同"(目前已从主页删除)。关于这件事的真伪有所争议,目前无法明确。

序章　垃圾数据只能获得垃圾分析结果

在茶会现场的人可能会对此一笑置之，他们说："只要加入奶茶，不管先加牛奶还是后加牛奶，味道都不会有区别。"实际上，没有人真的会留意加入牛奶的先后顺序是否会改变味道，所以，女士的主张有可能是正确的，当然，也有可能是个谎言。那么，如果是你，将如何判断呢？

有人说"女士无法判断味道的差别（女士在说谎）"，却拿不出让大多数人信服的证据。关键在于"怎样测试女士，才能做出客观的判断"。

即使女士真的说了谎，也不能排除在"碰巧"或者"偶尔"的情况下，有 1/2 的概率猜中的可能性。如果连续猜中 2 次，也有可能是"碰巧"（1/4 概率）。那么如果连续 3 次？甚至连续 4 次、5 次呢？假若真的连续 5 次（概率为 1/32 ≈ 3%）猜中，那么不得不令人开始怀疑，"等等，这应该不是巧合吧，也许是真的。"

我会在后文（第六章）中介绍这个故事的测试方法，总之就是"思考如何根据概率来做出判断"。这也正是统计学之所以以概率为基础来进行思考的理由。

但请记住，这仅仅是"有很高的可能性"，并且"经常有可能出现偏差"。

统计学并不是神的判断。

▶应该派谁去斯坦福大学留学？

帮助了解统计学作用的智力题二

X 公司有两名优秀员工 A 和 P。A 任职于销售部，业绩十分突出；P 任职于研发部，开发了许多出色的产品。为公司做出贡献最大的人可以获得去斯坦福大学（美国硅谷）留学一年的机会。请思考，A 和 P 谁应该获得这个机会？

这个问题的关键在于——两人所属的部门不同,无法直接比较。

因此,我们采用其他的方法,将两人的成就放在"相同条件"下进行比较。

以"相同条件"为基准进行比较的处理方法(虽然这样多少有些勉强),对于销售部和研发部来说应该都可以接受。

两人既然属于不同的部门,用于表示其贡献程度的图表自然也会有所不同。那么怎样才能将两人的贡献程度放在一起比较呢?

现实中经常会发生这样的情况,而通过著名的正态分布,能够将两人的贡献程度进行客观比较并分出优劣,这样便能实现对"两个不同的组别进行比较"。

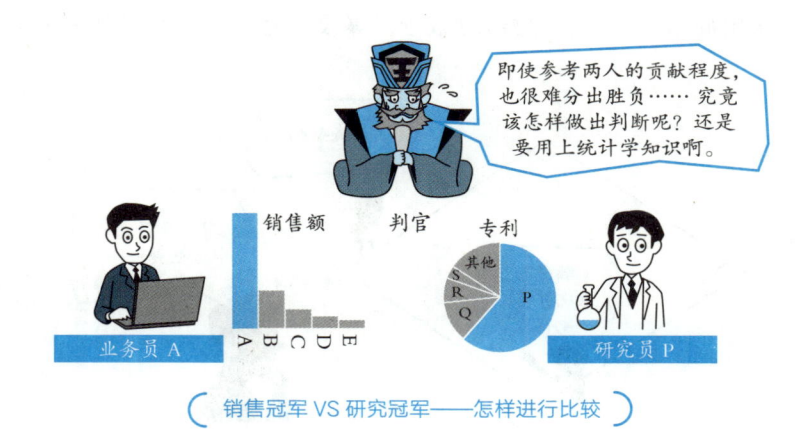

即使参考两人的贡献程度,也很难分出胜负……究竟该怎样做出判断呢?还是要用上统计学知识啊。

(销售冠军 VS 研究冠军——怎样进行比较)

▶ 敢于质疑定论,寻找第三条出路

帮助了解统计学作用的智力题三

　　现在,作为球队后补教练的你,正在接受球队经理面试。球队希望"你在一垒'无人出局'的状况下,找到快速得分的方法。但无须考虑跑垒员的速跑能力、击球员的击打率、是否为盘点等因素"。那么,你将如何作答?

精通棒球的人读到这里，可能会生气并斥责："这根本就是个不现实的假定，不懂棒球的人太过分了。"在这里，我们暂且不考虑这些，仅仅将其视为一道智力题来对待吧。

在棒球中一垒无人出局，通常的选择是①触击策略、②强攻策略。因笔者在高中时代隶属于弱小的硬式棒球部，此时，采用触击策略是一般规律。

若采取触击策略（假若成功）虽然可以促使跑垒员在圈内得分，但是另一方面，也容易为对方献上自己的一次出局。棒球的规则是，三次出局则结束攻击，将宝贵的一次出局无条件给予对方，真的是上策吗？

头脑中闪过许多场景。如果在第二局出局，只是跑垒员和击球手互换（一次出局增加），通过触击对方予以爆投，有可能大量得分……

（采取触击策略同时（献上一次出局）真的是上策吗？）

▶ 利用统计学可以想出前所未有的策略吗？

事实上并不需要想那么多。此时需要考虑的是①和②中，哪种策略提高了得分率？然后调查这个数据，仅此而已。对于棒球经理来说，作出如下回答即可。

在"一垒无人出局"的情况下。对比①和②两种情况的得分率，然后做出判断。实际上，投手进入击球区的情况、本垒打的情况、比赛才刚到一半的情况……如果可以，上述条件下的数据都应该进行调查。

不管怎样，根据过去的数据，会发现除了触击策略和强攻策略之外，还有第三种方法，比如四坏球策略。①在无人出局且一垒有人的情况下……

跑者远离一垒，给对方投手造成自己要盗垒的假象。

对方投手因为要警惕跑者盗垒，所以会考虑多投坏球。

击球员要以坏球为目标，牢记不轻易挥棒。

这样一来就可以等待对方投出四坏球保送上垒。

若是将四坏球策略贯彻到整个队伍，一旦有人成功上垒，就能够让对方的投手神经紧绷，这样快速将对方的主力投手消耗掉，比赛就会变得对我方有利。

此外，像"不打地滚球，打腾空球"（腾空球革命）这样的、颠覆了棒球常识的策略也是从棒球数据②中产生。

像"四球作战""打腾空球"这样的策略，从传统的棒球常识来看也许很神奇，但在统计学中却是出其不意的策略（成功率高的策略）。

最近，你是否经常感受到像这种"出其不意的"生活体验。比如，使用智能手机APP查看"电车换乘指南"等时，会出现一些出乎意料的路线提示，不禁令人感叹："竟然有这样的路线？这个换乘路线不仅更快，而且便宜！"

---

① 大联盟·美国西部奥克莱斯体育的例子。球队经理比利·比恩重新计算了之前的数据，通过导入统计学的手法重新定义盗垒、触击、击打率等评级基准，转向重视出垒率的方向（重视与得分相关的行为）。结果尽管选手的年薪总额低（弱小队伍），但创造出了不输于洋基队的队伍。这之中采纳了"一垒无人出局情况下，着重于四球"。布拉德·皮特主演的电影《点球成金》（*Money ball*）就是根据这个改编的。
② 2017年休斯敦太空人称霸世界杯。原本是一年中失败一百次的弱小队伍，因引进了统计学家和物理学家对棒球数据进行分析，摇身一变成为强队。

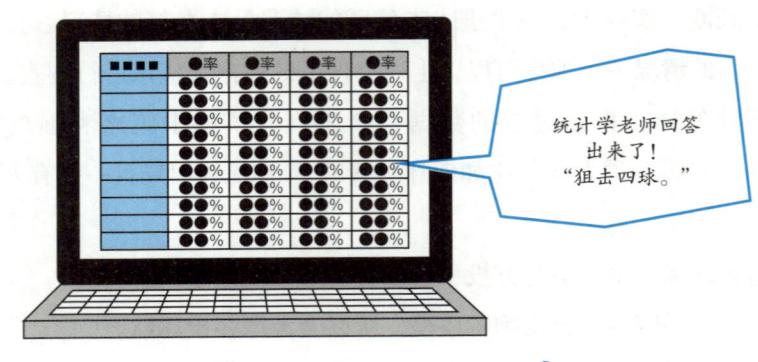

(意想不到的策略、新的得分方式)

　　不要盲目遵从过去的定论（触击策略、强攻策略这两个选择），而是要思考"获得成功最高效的策略是什么"。因此，学习统计学，了解其思考方式，也一定会从中学到高效工作、生活的方法。

　　没错，在学习统计学的过程中，方差、推论这些统计方法固然重要，但它们未必能立刻被运用到工作中。反而，对于多数人而言，形成"从概率的角度来思考事物的习惯"，才是学习统计学的真正意义。统计学就像神灯精灵一样，会成为你强有力的伙伴。

第一章

兵贵神速，一鼓作气
走近统计学

统计学是一条漫长而艰难的道路，我们总是在深奥的概念和计算中挣扎，很容易在中途受挫而感到沮丧。既然如此，不如一鼓作气掌握"统计学的整体概要"，至于具体的细节我们后面再说。

正所谓兵贵神速，让我们先来大致地了解一下统计学的整体框架吧。

1 在头脑中形成统计学地图

首先，在头脑中形成一张展示"统计学整体面貌"的地图。这样，就能清楚地知道"自己目前所在的位置"。

统计学中有很多烦琐的术语，例如，统计学、多变量分析、统计分析[①]等词汇。但人们经常在还没搞明白这些术语的含义的情况下，就糊里糊涂地学习下去。因此，我们要先在头脑中植入一张统计学地图，这样也有助于将错综复杂的专业词汇理顺。

首先，如果将高中时代的方程式、微积分等归为纯粹数学，那么统计学则被称为应用数学（当然两者的界线并不是那么明确）。

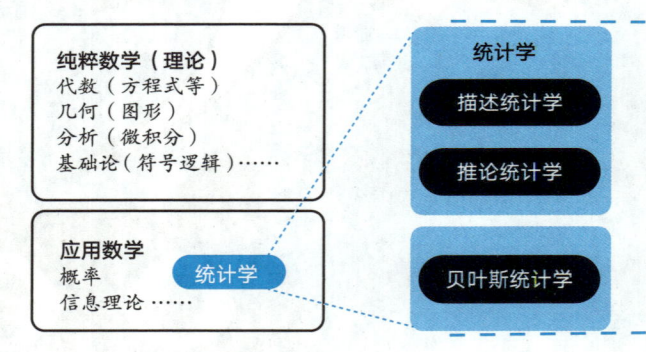

纯粹数学（理论）
代数（方程式等）
几何（图形）
分析（微积分）
基础论（符号逻辑）……

应用数学
概率
信息理论…… 统计学

统计学
描述统计学
推论统计学
贝叶斯统计学

"统计学"大致可以分为：描述统计学、推论统计学、贝叶斯统计学这三大类。另有一类"多变量分析"，用于处理两个以上的变量。

如果将以上四类视为统计学的基础理论，那么统计分析则应当定位为对工作有帮助的"应用篇"。

[①] 关于统计学、多变量分析、统计分析等的区别，不同的人有不同的主张。此外，正式出版物中也经常出现相互矛盾的情况。原因是，即使采用了"统计分析"这一标题，书中依然要涉及作为其基础的统计学知识。作者对此会进行酌情处理，因而导致每本书各不相同。

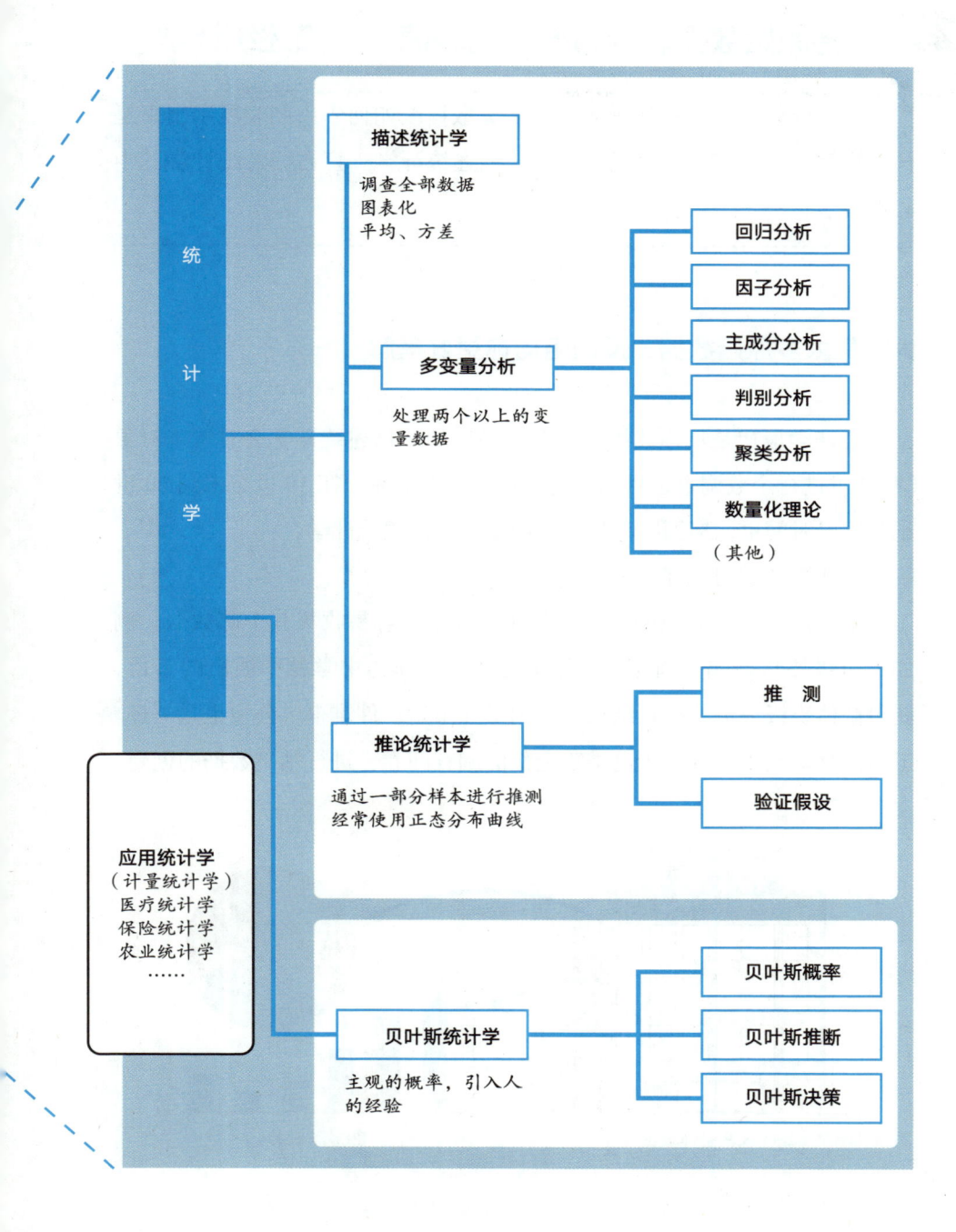

第一章 兵贵神速，一鼓作气走近统计学

```
统计学
├── 描述统计学
│     调查全部数据
│     图表化
│     平均、方差
│
├── 多变量分析 ─┬── 回归分析
│   处理两个以上的  ├── 因子分析
│   变量数据        ├── 主成分分析
│                   ├── 判别分析
│                   ├── 聚类分析
│                   ├── 数量化理论
│                   └──（其他）
│
├── 推论统计学 ─┬── 推 测
│   通过一部分样本进行推测  └── 验证假设
│   经常使用正态分布曲线
│
└── 贝叶斯统计学 ─┬── 贝叶斯概率
    主观的概率，引入人  ├── 贝叶斯推断
    的经验              └── 贝叶斯决策
```

应用统计学
（计量统计学）
医疗统计学
保险统计学
农业统计学
……

2 将原始数据转变为一个代表值——描述统计学①

数据整体的中心在哪里？数据的离散程度如何？用图表展示出来是什么样子？……在 20 世纪初之前，描述统计学一直占据着统计学的中心地位。

▶ 收集太多原始数据，反而阻碍你更好理解

统计学最初是从描述统计学开始发展的。描述统计学会对调查对象（整体）进行全数调查，目的是对其特征进行描述。在 19 世纪末到 20 世纪初这段时间里，提到统计学，一般就是指描述统计学。

描述统计学的关键有两点：

第一点，作为对象的"整体"相对较小，容易收集其全部数据。例如，班级要从合唱、演剧、小品中选择一个作为中学秋季演出的节目，获得全体班级成员的投票结果（数据）并不是一件难事。公司也是一样。工会向全体员工发放关于夏季奖金额的调查问卷，进行基础数据的创建。

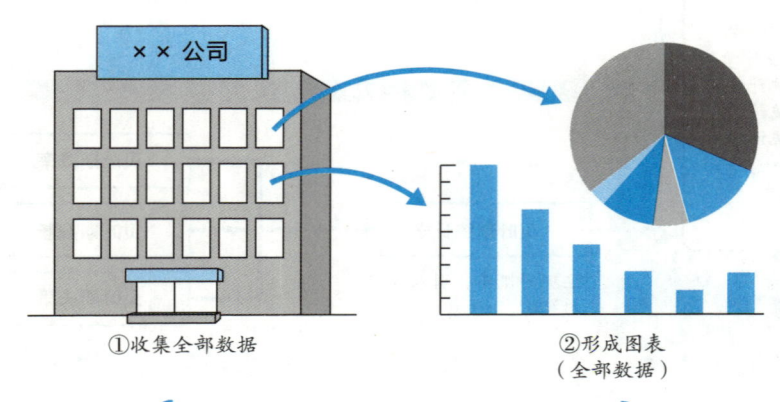

①收集全部数据　②形成图表（全部数据）

(描述统计学的特征：①收集全部数据 ②图表化)

多数情况下，可以收集到来自全体员工的数据。

第二点，以收集到的数据为基础，制作图表等，实现数据的可视化（描述）。形成图表之后，更容易发现数据的特性和规则性等。

在学校演出的例子中，通过柱状图、饼状图的形式，使多数人的意见变得一目了然。将公司不良产品的发生形成图表化（可视化[①]），能够帮助我们直观地掌握其趋势。

然而，数据并不一定越多越好，收集太多的原始数据，反而会导致难以分辨出整体的倾向和问题点等。

例如，将某公司销售一科十名员工一个月的加班时间写在卡片上并排成两列（见下图）。虽然只有十人的加班数据，但我们依然可以从中获得某些特征和倾向，然而遗憾的是，这些数字无法顺利地进入大脑。

虽然收集了原始数据……

即使只有十个数据也很难掌握整体情况。

（仅仅将原始数据收集在一起，反而变得难以处理）

▶与其直接处理原始数据，不如选出一个代表值

如果摆在面前的并非十个人各自的数据，而是代表十人的一个数据，那么只需看一眼就可以掌握"整体面貌"，十分便利。这一个数据正是平

[①]可视化这个词起源于丰田公司。

均值①。

像这样用来代表整体的一个数据值，被称为代表值。通常，这样的数据大多聚集在一定的部分，数据将以此为中心上下浮动，表示其中心倾向的为代表值。平均值、中间值、最频值是三个有名的代表值。

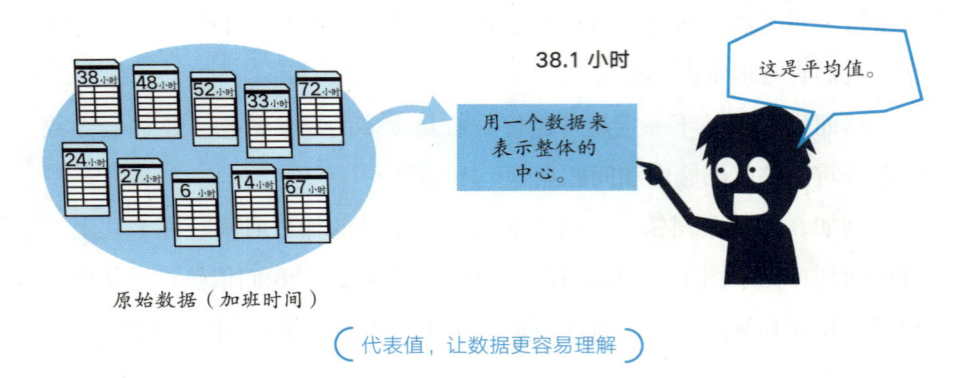

原始数据（加班时间）

38.1 小时

用一个数据来表示整体的中心。

这是平均值。

（代表值，让数据更容易理解）

只要有一个这样的平均值，就可以轻而易举地与其他部门进行比较。如果销售一科十10人的5月份平均加班时间为38.1小时，销售二科为27.6小时，通过对两者进行比较，会产生"一科的38.1小时加班时间要多于二科的10.5小时，业务量是否不平均，有没有季节性原因，这是偶然现象吗"的疑问，能够对加班的多少进行客观评价，并触发开始探寻其原因的契机。

除了与其他部门的比较，与过去进行比较也变得很容易。假设，从

---

① 阿道夫·凯特勒（1796—1874）提出了"平均人"（L'homme moyen）的概念。其含义是"在社会上位于正态分布中心位置的人"。正态分布的中心是平均值，因此，从字面上可以将其理解为"典型人物"（尽管可能很少有平均人物和完美人物）。此外，凯特莱还为国情调查提供了指导，将人理想的身高·体重比数值化，现在使用的 BMI 指数（体重 w 千克·身高 h 米）用 $BMI = w \div h^2$ 来表示。该指数基于凯特莱的建议，对健康有很大贡献。南丁格尔将凯特勒视为崇拜的对象，而她在统计学领域也有巨大的贡献。

三年前开始，某一月份的平均加班时间分别为 15.6 小时、18.2 小时、21.3 小时，那么可以判断出：销售一科的本次加班时间——38.1 小时，一定是由于某种原因才发生急剧增长，接下来的紧要任务便是找到对策。

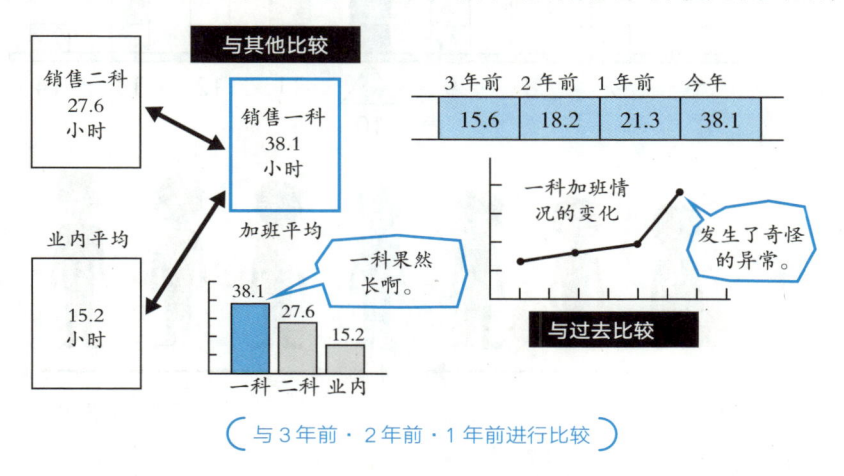

（与 3 年前・2 年前・1 年前进行比较）

▶ 常用的代表值有三个

由此可见，在收集数据时，必须做的一件事情就是——找出"一个可以代表整体数据的代表值"。如上页所述，代表值是指表示数据整体的中心倾向的值，以下三个代表值[1]最为常见。

・平均值：将所有数据的总和除以数据的个数得到的值，相当于数据整体的重心。

・中间值：将数据按照从小到大的顺序排列时，处于正中间的值。

・最频值：数据中出现次数最多的值。

接下来，请参照下页图来理解这三个代表值。

---

[1] 平均值、中间值、最频值也常被称为：平均数、中位数、众数。

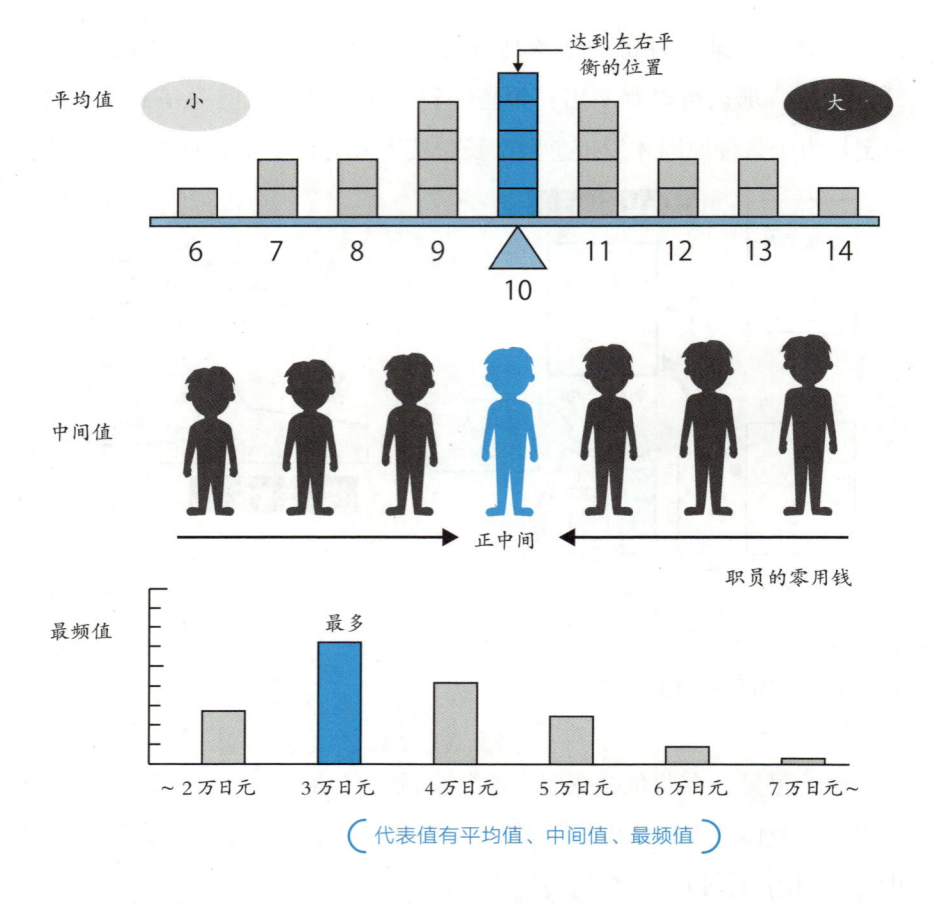

平均值

小　　　　　　　　　达到左右平衡的位置　　　　大

6　7　8　9　10　11　12　13　14

中间值

正中间

职员的零用钱

最频值

最多

~2万日元　3万日元　4万日元　5万日元　6万日元　7万日元~

（代表值有平均值、中间值、最频值）

既然代表值是"表示数据整体的中心倾向的值"，为何又分为三种呢？如上图所示，"中心"的含义不止一种，不同含义之间有着细微差别。

这三个代表值之中，平均值作为"代表值中的代表值"，在统计学使用得最多。三个代表值之间的关系如下所示：

· 平均值 →≈ 中间值 ≈ 最频值

· 平均值 → > 中间值 > 最频值

· 最频值 > 中间值 > 平均值

像这样，根据整体数据的分布情况，会有各种情况出现。关于这一点，我会在第三章中讲解。

3 数据的离散程度——描述统计学②

虽然我们手中已经有了代表值这个工具，但仅凭这个中心数据，有时候并不能充分地说明数据整体的情况。

▶对代表值进行补充说明的非连续数据？

通过一个代表值，可以显示出数据整体的中心倾向，这的确是一个便利的指标，但也存在很大的问题：仅凭一个代表值，无法掌握数据整体的离散程度。例如，下图中的几个平均值都是相同的，但并不等于这五组"具有相同特征"。

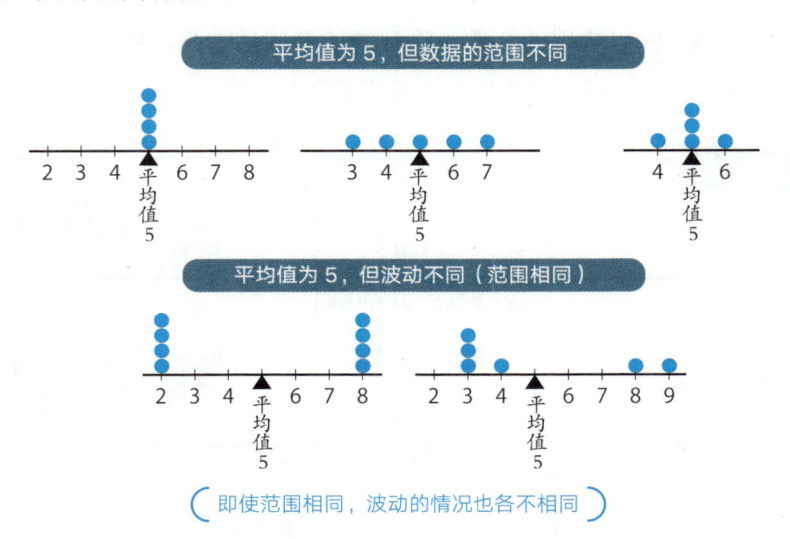

平均值为5，但数据的范围不同

平均值为5，但波动不同（范围相同）

（即使范围相同，波动的情况也各不相同）

这样一来，就需要了解数据的范围（从哪里开始到哪里结束）或数据的波动情况。这种用来表示数据范围与波动情况的值就是离散程度，如下所示：

①方差（标准偏差）……表示数据离散状况的值。方差和标准偏差

基本上可作为同义词语使用（值不同）。

②四分位范围………从后往前数，范围从对应于 1/4 处的值（第 1 四分位数）到对应于 3/4 处的值（第 3 四分位数）。用于观察中心附近数据离散程度的标准。另外，第 2 四分位数等于中间值。

③范围……………表示数据存在的范围（最大～最小）的值。

▶ 方差和标准偏差的概念

关于方差和标准偏差，我将在第三章中详细讲解，此处只做简单介绍。

方差的计算方法是：将各数据与平均值的差（称为偏差）的平方全部相加的和，除以数据的个数，得到的结果就是方差。用文字描述起来略显复杂，可视化后，就变得简明易懂了（见下图）。

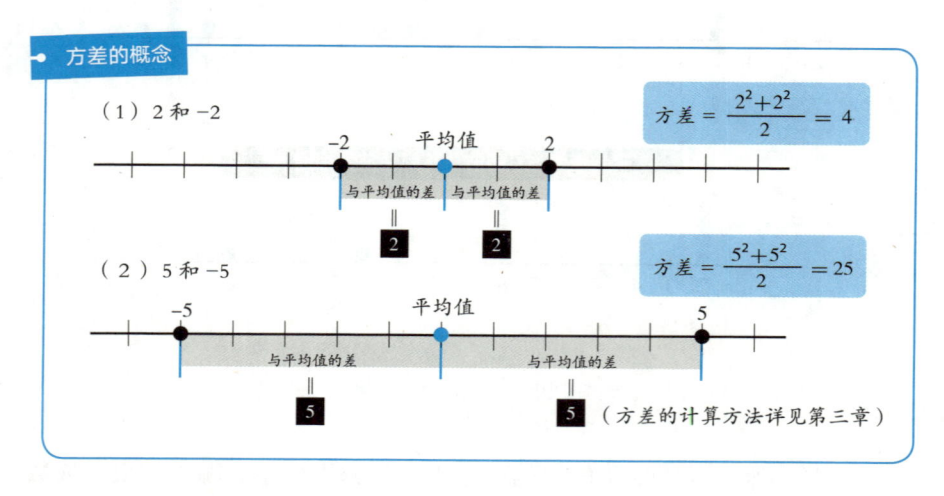

方差的概念

（1）2 和 −2

$$\text{方差} = \frac{2^2 + 2^2}{2} = 4$$

（2）5 和 −5

$$\text{方差} = \frac{5^2 + 5^2}{2} = 25$$

（方差的计算方法详见第三章）

首先来看上图中所示的 2 条直线（1）和（2），这 2 个数据（2、−2 与 5、−5）的"平均值"均为 0。然而，在（1）中，"各数据 − 平均值"的差为 2（精确地说，应该是 ± 2），在（2）中，则为 5（精确地说，

应该是 ±5）。

因此，虽然平均值相同，但是在（1）和（2）中，与平均值的差是不同的。此时，（1）的方差值为 4，而像（2）那样，离散程度较大，方差值为 25，比（1）大了很多。

标准偏差的计算方法很简单，也就是方差的算术平方根。因此：（1）中的方差为 4，标准偏差为 $\sqrt{4}=2$，（2）中的方差为 25，标准偏差为 $\sqrt{25}=5$。

$$\text{方差}=(\text{标准偏差})^2 \iff \text{标准偏差}=\sqrt{\text{方差}}$$

方差、标准偏差很重要，但它们并不是晦涩难懂的概念。在具体问题的说明中，会根据情况选择使用方差或标准偏差进行说明。

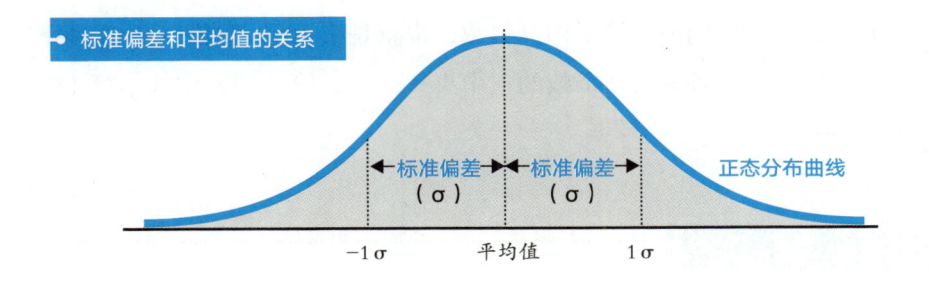

● 标准偏差和平均值的关系

将标准偏差（或方差）与平均值组合在一起，就形成了上面这种常见的正态分布图表。

收集了大量的身高、体重数据之后，就会发现，大部分数据都分布在平均值的附近，与平均值的差距越大的数据量越少，形成了吊钟型的曲线。

此时，可以得知与平均的标准偏差在 ±1 以内的人数占比约为 68%，与平均的标准偏差在 ±2 以内的人数占比约为 95%。

因此，平均值和标准偏差（或方差）在大多数情况下是成对出现的，可以将标准偏差理解为 1 个距离单位（1σ）。

▶ 四分位数与最大值·最小值的概念

下面，我们来看用四分位数表示的四分位范围[1]，以及用最大值·最小值表示的范围（range）的概念。

现在，有 19 个数据（1~23），将它们排列在下图的直线上。

这 19 个数据中，最小的数据为最小值，也就是此处第 1 个数据——1。最大的数据为最大值，即第 19 个数据——23。

四分位数在全部数据中的叫法如下：

· 1/4 位置处的数据……第 1 四分位数
· 2/4 位置处的数据……第 2 四分位数（中间值）
· 3/4 位置处的数据……第 3 四分位数

首先，作为中间值的第 2 四分位数，也就是第 10 个数据——10；第 1 四分数是小于中间值的 9 个数的正中央——5；第 3 四分位数是第 15 个数据——18。

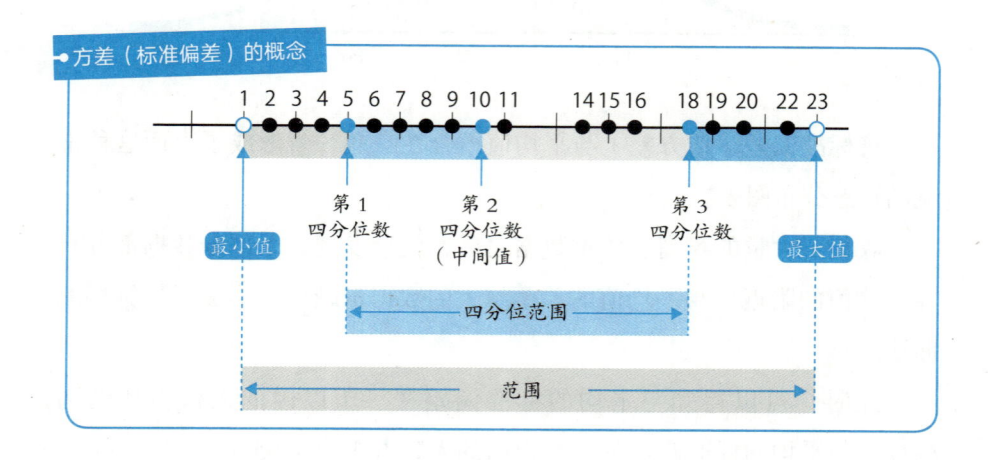

方差（标准偏差）的概念

1 2 3 4 5 6 7 8 9 10 11 14 15 16 18 19 20 22 23

最小值　第 1 四分位数　第 2 四分位数（中间值）　第 3 四分位数　最大值

四分位范围

范围

---

[1] 除了四分位数，还有三分位数、五分位数、十分位数，等等。在统计学中使用最多的是四分位数。

从第 1 四分位数到第 3 四分位数的范围就是前面说过的四分位范围。此外，最大值到最小值的区间被称为"范围（range）"。

四分位数和最大值·最小值不仅被应用于分布图中，也经常用于下图所示的箱形图中。

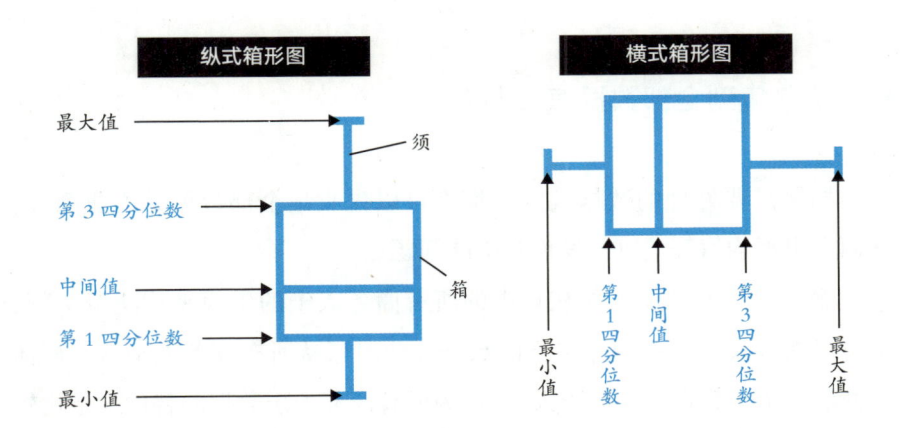

纵式箱形图

- 最大值
- 须
- 第 3 四分位数
- 中间值
- 箱
- 第 1 四分位数
- 最小值

横式箱形图

- 最小值
- 第 1 四分位数
- 中间值
- 第 3 四分位数
- 最大值

4 通过样本来思考——推论统计学①

有时，因为数据（总体）很大，导致无法收集全部数据。在这种情况下就需要用到推论统计学这个强大的工具。

▶ 无法收集到全部数据怎么办？

如果需要处理的数据较少，那么可以先收集全部数据并形成图表，从而得出平均值等，以及发现其中的问题点。

然而，想要知道居住在日本的所有商务人士的午饭平均花费金额，却不可能收集到所有商务人士的数据。此时，从所有商务人士这一群体中抽取样本（数百人、数千人），作为所有商务人士数据的替代，是比较现实的解决方案。

此时，所有原始数据，在统计学中被称为总体。

从总体中抽取的样本数据称为样本。

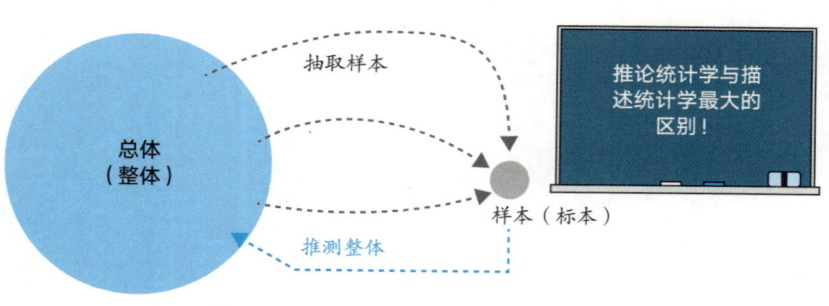

抽取样本

总体（整体）

样本（标本）

推测整体

推论统计学与描述统计学最大的区别！

（如果无法获得全部数据，就通过样本来思考）

像这样，原本应该在收集全部数据之后，再计算平均值、最大值、最小值等，实际上却只能获得样本（标本），从而，通过样本来推测总体——而推论统计学就是用于实现上述愿望的。

▶ 从描述统计学到推论统计学

19世纪末20世纪初的统计学（以收集全部数据为基本）被称为描述统计学，而进入20世纪后，统计学在此基础上有了继承和进化，出现了推论统计学[①]。英国的费希尔被认为是推论统计学的鼻祖。

如今，与其说两者是"不同的统计学"，不如认为两者是包含关系，如下图所示。

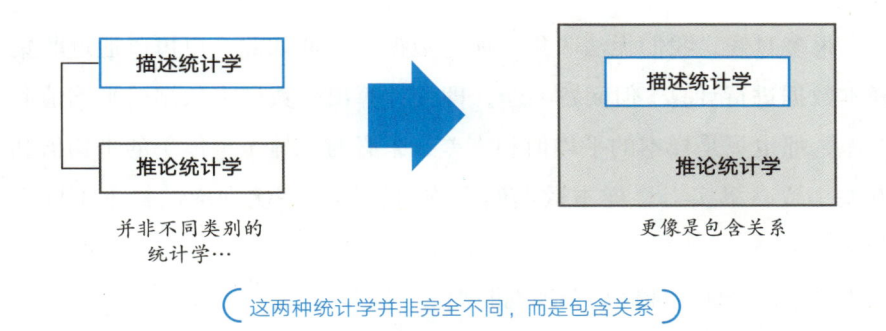

并非不同类别的
统计学…

更像是包含关系

（这两种统计学并非完全不同，而是包含关系）

推论统计学最大的特征是：确立了一种即使在总体过于庞大而只能获得样本的情况下，通过样本数据来推测整体性质的方法。

[①] 推论统计学：以从总体随机抽出的样本为基础，对原始总体的性质进行推测的统计学。

5 像福尔摩斯那样推理——推论统计学②

推论统计学有两大支柱：①推论、②验证假设。推论就是使用样本，调查总体（整体）的平均值等特征。

▶ 推论・验证假设是推论统计学的两大支柱

很多时候，我们无法收集到所有数据，即便如此，也可以通过收集样本数据进行计算。但问题在于，即使计算出少数样本数据的平均值和方差，那也只是样本的平均值和方差，未必与总体（整体）的平均值和方差一致。事实上，样本数据的平均值根据每一次抽取的样本不同而变化。

那么，怎样才能做出合理判断呢？

· 为了保证结果无偏差，应该采用什么样本？

· 需要多少个样本（标本）？

· 用什么方法通过样本推测总体（整体）？

· 此时的误差程度如何？

…………

并且，方法、顺序、结果也是必须要考虑在内的。

考虑到这一点，可以确立一种能够推测出所有原始数据（总体）的平均值等，有 95%~99% 的概率在"一定区间内"的方法。因此，现在提到统计学，一般指的就是推论统计学。

推论统计学的两大支柱：

· 推论（统计的推论）：通过少数的样本数据，推测整体的特征。

· 验证假设（检定）：以一定的概率为基础，验证关于整体的某个假设。

▶ 推论类似于福尔摩斯的推理

推论统计学的一大支柱——推论，它的正式名称是统计的推论，推论是其简称。正如序言中所述，推论与福尔摩斯的推理非常相似：即使在刚刚见面，几乎没有任何信息的情况下，也可以通过细微的线索做出合理推断。

原本，如果可以获得全部数据（总体），那么就能够计算出平均值等代表值。然而，获取庞大的全部数据[①]，对于时间和金钱成本都是极大的考验。在这种情况下，抽取样本（标本）进行推断才是聪明的做法。

这样便可以通过样本数据对原始数据整体（总体）的代表值（平均值等）、离散程度（方差、最大值、最小值等）进行具体推论。我会在第五章中详细介绍推论（统计的推论）。

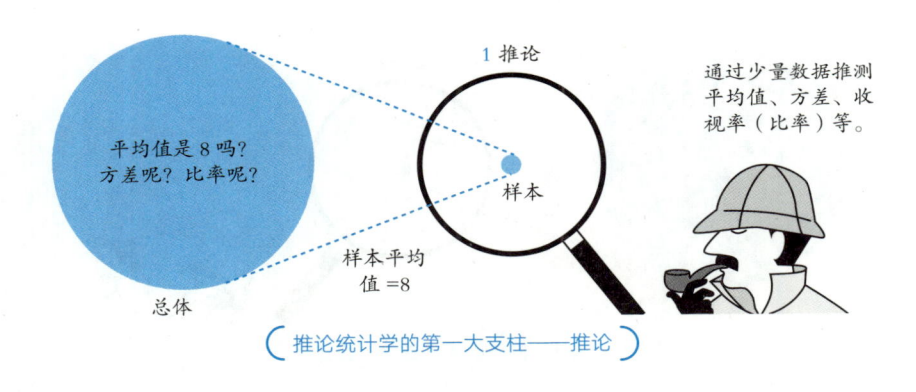

1 推论

平均值是8吗？
方差呢？比率呢？

总体

样本

样本平均值=8

通过少量数据推测平均值、方差、收视率（比率）等。

(推论统计学的第一大支柱——推论)

[①] 收集国民数据的例子，有每5年进行一次的国情调查，需要670亿日元的经费和70万调查员。而实际上，此项工作并非由国家公务员、市级职员完成，而是由地区自治会进行分担。2015年日本国情调查中，我本人担任自治会会长，并任命5名役员作为调查员。他们调查的对象是360户家庭，从主旨说明到回收问卷，我们访问了许多次，除了工作日，连周末也要熬夜加班。由此可见，收集以国家为单位的全部数据确实是难上加难。

6 建立假设并进行验证——推论统计学③

以样本数据为基础，针对整体数据建立某种"假设"并验证其是否成立。这就是推论统计学的第二大支柱。

▶ **验证假设：建立假设，进行推测**

推论统计学的另一个支柱便是验证假设。验证假设，就是以一定的概率为基准（95%~99%的概率），来判断"当价格超过1,000日元时，消费者的购买心理会有大的变化吗？""男女的设计感是否有差异？"等假设是否正确。

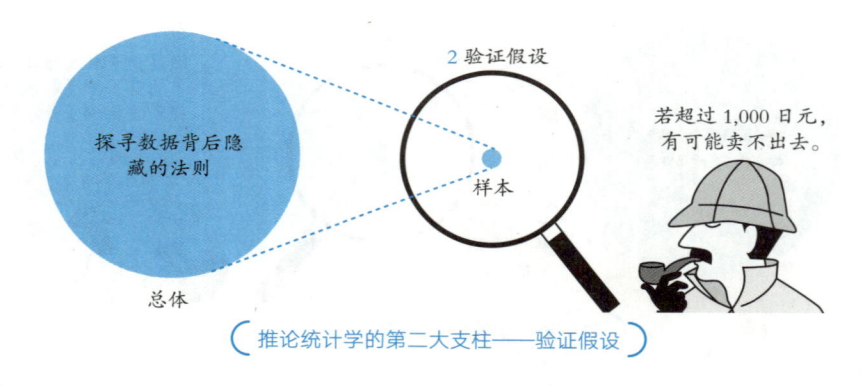

探寻数据背后隐藏的法则

总体

2 验证假设

样本

若超过1,000日元，有可能卖不出去。

（推论统计学的第二大支柱——验证假设）

验证假设就是在判断某一假设的真伪时，按照以下顺序进行验证（驳回假设）：

①创建一个被认为是"伪"的假设。

②根据数据来判断被认为是"伪"的假设。

通过使用验证假设的方法，可以验证"新药是否有效"等。

此外，即使对普通的商务人员（不擅长数据分析）来说，掌握这种验证假设的思维方式，对于日常工作也会有所帮助。比如，在会议或者演说中发表意见时，仅凭感觉、直觉、经验等的说服力还不够强大。而如果使用了验证假设的推理方法，在展示自己的论据时，说服力就会大大提高。

验证假设采取了奇妙的方法。并非直接验证自己认为正确的假设（此处简称假设 A），而是采取相反的方法——创建与之相反的假设 B。创建假设 B 的目的，就是为了通过验证而实现"驳回"。因此，假设 B 被称为"归零假设"（归为零），而真正想要证实的假设 A 被称为"对立假设"。之后，通过驳回假设 B，间接地证实假设 A。这种迂回的方式看似有些复杂，但熟悉之后就能够很容易地按步骤推进。我会在第六章介绍。

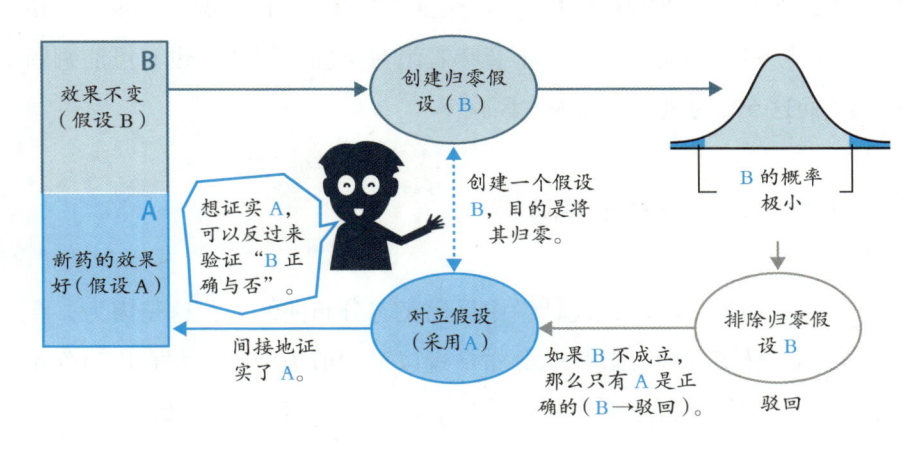

（创建假设 B→驳回 B→采用剩余的 A）

▶在推论统计学中使用正态分布等

在推论统计学中，正态分布等概率分布被广泛使用，以推测总体平均值、验证某些假设是否成立，等等。

正态分布曲线

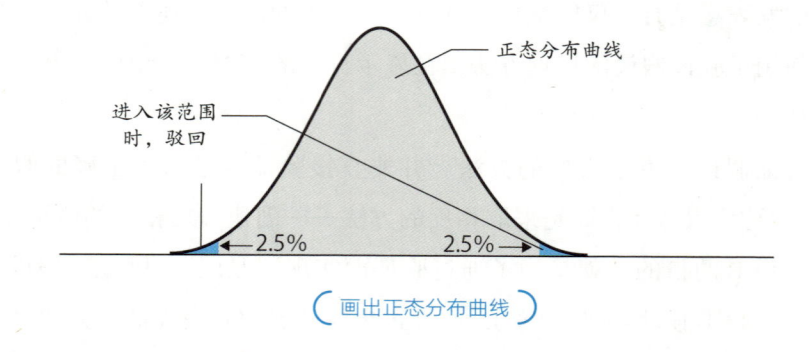

进入该范围时，驳回

← 2.5%　　　　　2.5% →

(画出正态分布曲线)

那么，判断的基准是什么呢？在统计学领域，会以 95% 或者 99% 的概率为界限，判断其妥当性（正确性）。但即便是 95%~99% 的准确率，也意味着"有可能在极其偶然（例如 5% 以内）的情况下出现假设错误"。毕竟 95% 的正确概率并不意味着绝对正确。因此，也有可能判断错误，而这 5% 的风险被称为"风险率"。[①]

▶ 自然界中的正态分布多吗？

那么，为何要在推论统计学中采用正态分布曲线呢？这是因为，在测量身高、体重等时，其样本分布呈现以平均值为中心，左右均匀分布的吊钟型的正态分布曲线。下页的直方图（Histogram）[②]也与之类似。

[①] 风险率——在最大限度要求严密性的情况下，考虑到"偏离的危险性"，要进行比 5% 的风险率更为严格的验证。2015 年获得诺贝尔物理学奖的梶田隆章在名为"中微子有质量"的论文中，将风险率（偶然概率）控制在 0.0000000003%。统计学被活用于各个领域。

[②] 直方图，又称质量分布图、柱状图表。通过观察直方图，能够了解数据整体的中心位于何处、数据的离散程度，进而了解到山（峰）是单峰型还是双峰型，以及数据整体的分布状况等。

例：中学一年级A班的体重分布

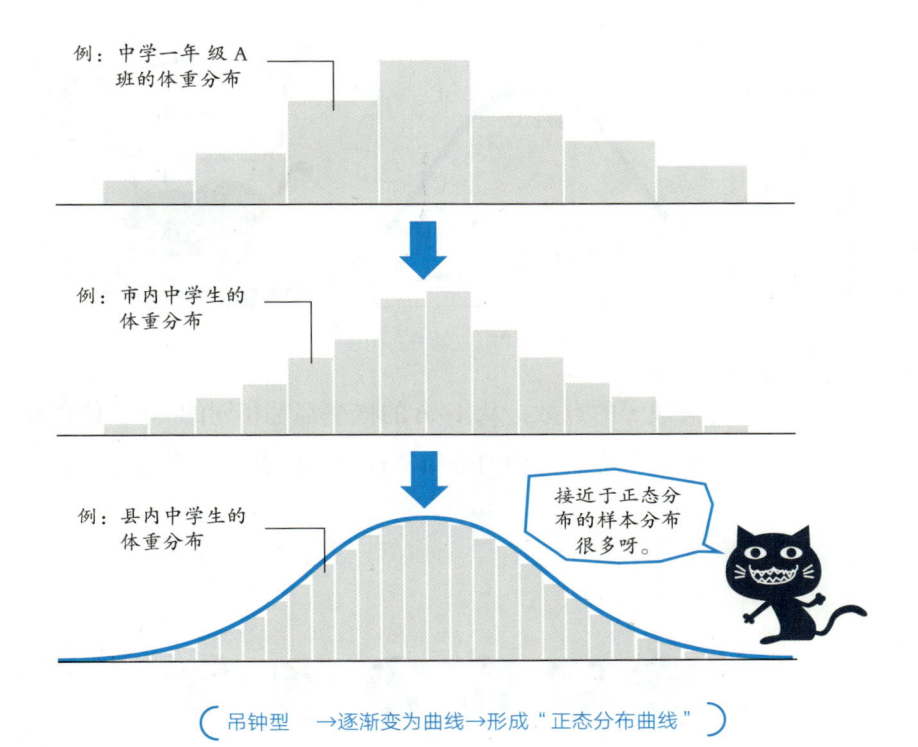

例：市内中学生的体重分布

例：县内中学生的体重分布

接近于正态分布的样本分布很多呀。

（吊钟型　→逐渐变为曲线→形成"正态分布曲线"）

当然，并非在所有情况下都接近于正态分布。家庭的存款余额、公司的各类商品销售额等，大致接近于下页图表所示的幂律分布（指数分布）。

例如，横轴表示商品的种类，纵轴表示销售额等。卖得好的商品位于左端，销售额很高，卖得不好的商品位于右端，销售额（高度）几乎为零，呈现出"长尾状"。看上去像长长的尾巴，所以被称为"长尾"。

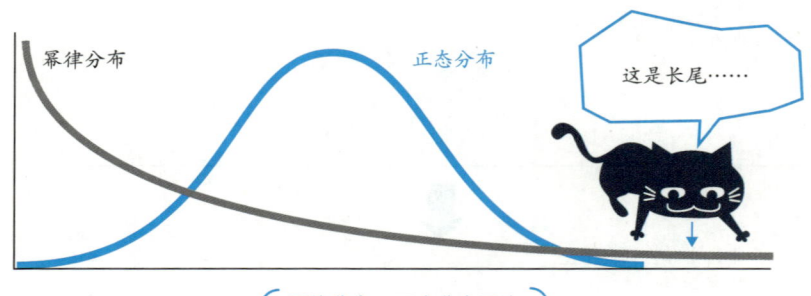

（幂律分布、正态分布图表）

此外，还有掷骰子的点数，从 1~6 的概率都是相同的 1/6。体现在图表中，便是呈现一条直线的均匀分布。这与吊钟型的正态分布也是不同的。

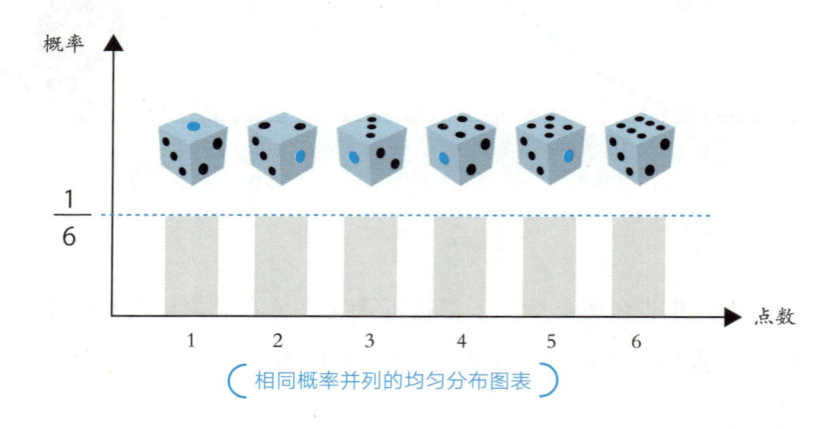

（相同概率并列的均匀分布图表）

分布包括很多种，除了正态分布、幂律分布、均匀分布，还有二项分布、泊松分布，等等。此外，上述的骰子案例（均匀分布）中，点数为 1~6（非连续量）的概率分别都是 1/6，合计等于"1"，称为"概率分布"。

此外，像体重这样的连续量虽然呈正态分布，但与非连续量一样，也可以被视为表示概率的曲线，其概率分布图表的横轴围成的面积等于"1"，这也属于概率分布。

总面积等于概率1

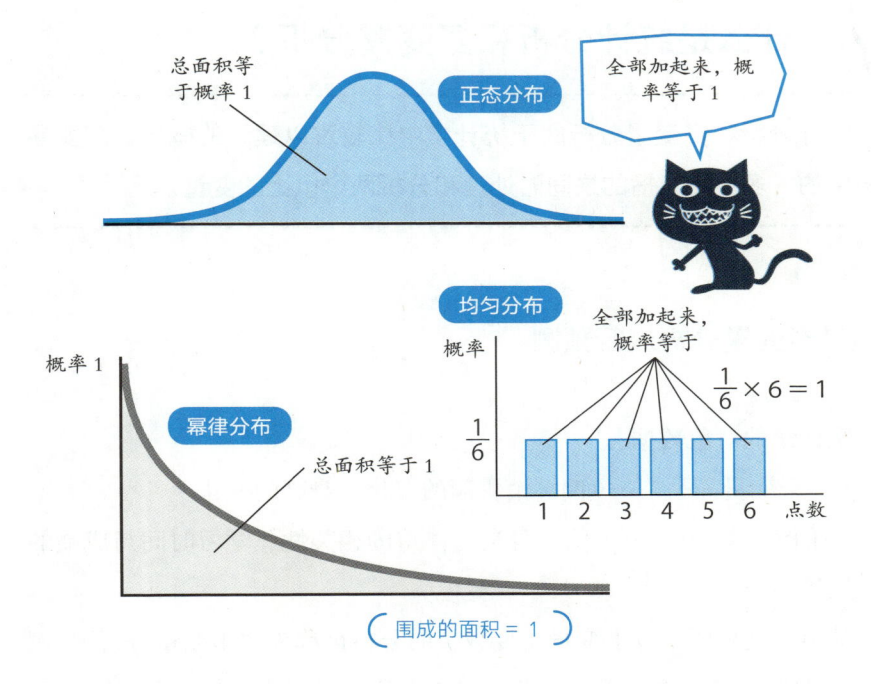

正态分布

全部加起来,概率等于1

均匀分布

概率

$\dfrac{1}{6}$

全部加起来,概率等于

$\dfrac{1}{6} \times 6 = 1$

1 2 3 4 5 6 点数

概率1

幂律分布

总面积等于1

围成的面积 = 1

第一章 兵贵神速,一鼓作气走近统计学

7 什么是统计分析和多变量分析？

统计分析和多变量分析属于统计学中比较难以理解的概念。多变量分析中的"多变量"指的是同时处理和分析两个以上的变量。

▶ **通过多变量分析进行预测**

统计学的对象数据：

· 一个变量…………（例）销售额的变化、身高的变化。

· 两个变量…………（例）身高与体重的相关性、学习时间与成绩的相关性等多个例子。

其中，处理两个以上变量（变数）的分析被称为"多变量分析"。例如在上述两个变量的例子中，身高与体重的关系在小学时代呈现明显的相关性。因此，在某种程度上可以预测一年后、两年后的情况。像这样，在多变量分析中，也有能够使用"预测"这一工具的情况。

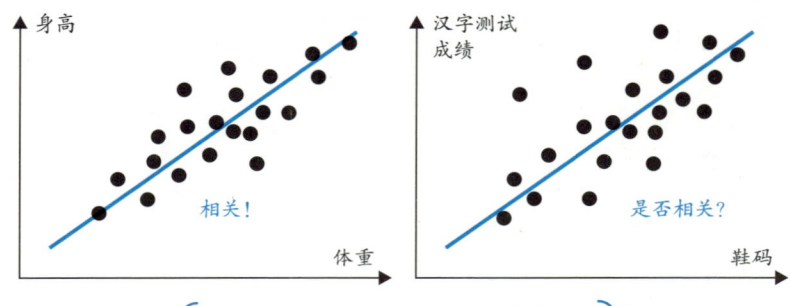

（通过某种相关性，是否可以预测些什么？）

但在对小学生的鞋码与汉字测试成绩进行比较时，乍一看似乎也能得到这样的相关性（上图右），但真的可以就此认为"脚越大的孩子成绩越优秀"吗？此时，还应考虑到年级所带来的差异。

需要特别注意的是，具有相关性、但不具有因果关系的（称为伪相关）情况。

▶ 有多种分析手法

有时，会使用另一个术语"统计分析"。它所指代的范围，根据不同人的解释而异。

一般而言，提到统计学，其指代范围是明确的，即，平均值、方差、推论·验证假设等（描述统计学、推论统计学、贝叶斯统计学）。处理两个以上变量的数据分析属于多变量分析。

使用统计学方法对各项数据进行分析，并运用于商务领域发挥作用，这便是"统计分析"。

如果说统计学提供了整体基础理论，那么统计分析就是指对各行各业和各种应用行之有效的方法的总称。

然而，大多数以"统计分析"为名出售的书籍，都是从诸如平均值、方差等的解释开始的，而并没有专注于分析的内容，因此很难将其归为"分析"类。

8 传统统计学 VS 贝叶斯统计学

统计学曾经只有描述统计学和推论统计学之分。进入 20 世纪下半叶之后，一个叫作贝叶斯统计学的新生力量，改变了统计学的势力图。为了与新出现的贝叶斯统计学进行区分，有时会将此前的统计学称为频率论或传统统计学。

▶ 没有样本数据可以进行预测吗？

新出现的统计学叫作贝叶斯统计学。与此相对，传统的统计学也被称为频率论。但是，如果只标明了"统计学"，而未做其他说明的，是指前面所说的推论统计学，而不是贝叶斯统计学。频率论一词，只在与贝叶斯统计学进行对比时才使用。

我是统计学家。

我是贝叶斯学派的统计学家。

（统计学的两个学派）

传统统计学（频率论）适用于可预测发生频率的事例中。因此在数据较少，或者根本没有数据的情况下，也难以进行推测。

与此相对，贝叶斯统计学的特征在于：即使样本数据很少，也能进行推测。甚至在极端情况下，对于一次都没有发生过的事件（数据为 0），也能推测其发生的概率。

▶信息更新后，概率也发生变化

贝叶斯统计学的另一个优势在于：每当增添了新的信息，推测的概率也随之变化（精度提高）。这被称为"贝叶斯更新"。

可以想象下面这个例子。

昨晚，你分别去 A、B、C 3 家店喝了酒，并且乘坐了出租车 D，但你记不得 A、B、C、D 这四件事发生的顺序。回到家后，你发现自己的包丢了，不知道落在了哪里。于是，你判断自己的包目前在 3 家店里或出租车里的概率分别为 1/4（顺序不明确）。除此之外，没有任何其他信息，所以你只能猜测"可能是 1/4 吧"。

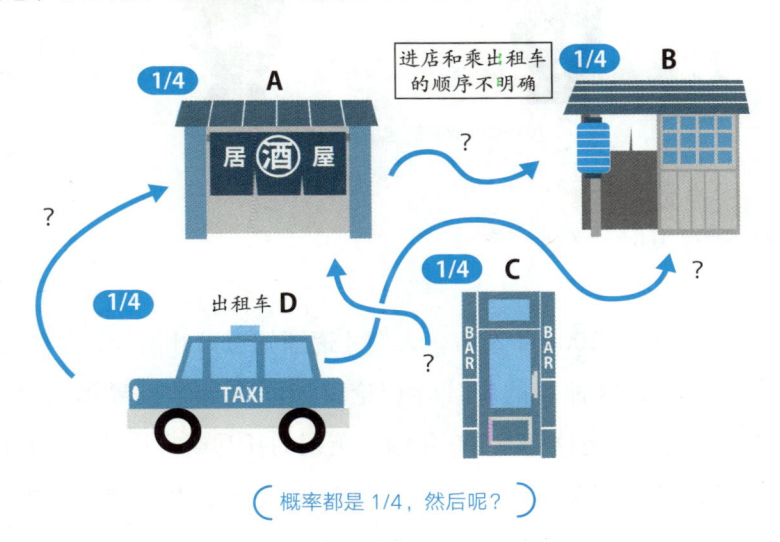

（概率都是 1/4，然后呢？）

如果此时增添了新的信息，又会发生怎样的变化呢？假设，你突然回想起来："昨天最先去了 A 店，从 A 店出来时，包肯定还拿在手里。"那么，你的包落在了剩余的两家店 B 或者 C，以及在出租车 D 的概率分别变为 1/3。接着你分析道："B 是自己常去的店，如果把包落在了那里，应该会有人打电话告诉我的。"这样一来，B 的概率或许又可以降低一些。于是，几种情况的概率又变为 B 1/5、C 2/5、出租车 D 2/5。

像这样，随着新信息的出现，"每项概率也随之发生变化（更新）"，这就是贝叶斯统计学的特征。然而，将各项概率统一视为 1/4，以及将熟悉的店 B 改为其他项概率的一半，没有数学上的根据。是很主观的推测（从经验上可以理解），而这正是贝叶斯统计学受到争议的原因。

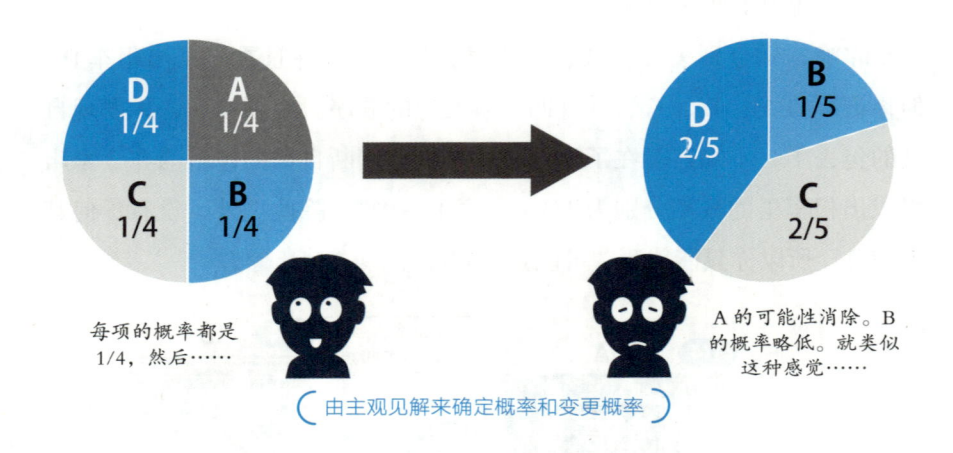

每项的概率都是 1/4，然后……

A 的可能性消除。B 的概率略低。就类似这种感觉……

由主观见解来确定概率和变更概率

▶ 被抹杀的贝叶斯统计学

在日本，直到 2000 年左右，人们才逐渐知道贝叶斯统计学的存在。也许有人认为，这种新的统计学理论就如同统计学世界里的彗星一般，可事实上并不是这样。300 年前，英国的托马斯·贝叶斯（1702—1761）就曾有过相关思考，此后，贝叶斯统计学由法国数学家皮埃尔·西蒙·拉普拉斯（1749—1827）确立。实际上，它是一门古老的统计学理论。

> 是我最先提出的。

托马斯·贝叶斯

> 是我把它体系化的。

皮埃尔·西蒙·拉普拉斯

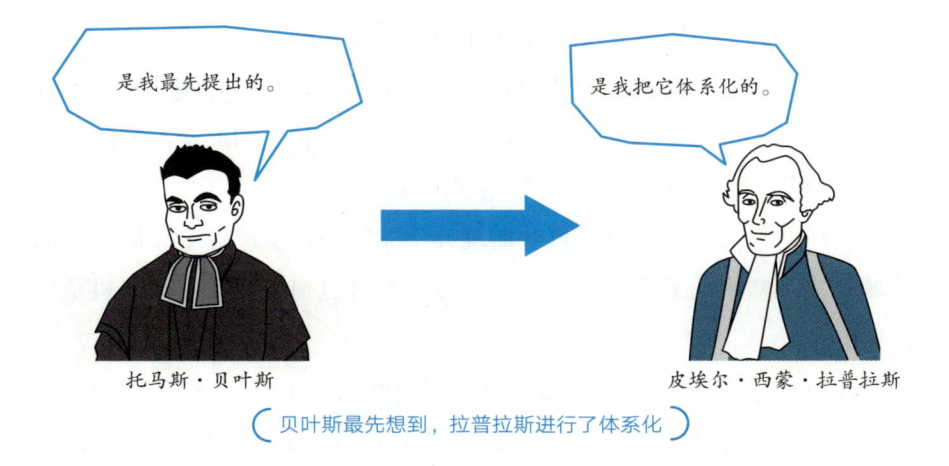

（贝叶斯最先想到，拉普拉斯进行了体系化）

然而，从前面所举的例子中将概率"平均分为 1/4""将 B 的概率减半"可以看出，贝叶斯统计学并非依赖严密的数学逻辑而是凭借经验，允许"主观"部分的存在。为此，它遭到了当时的数学家的抵制，他们认为"贝叶斯统计学模棱两可，不够科学严谨，绝对不能接受"。尤其是推论统计学的鼻祖费希尔，他坚决抵制贝叶斯统计学。为此，当时学者发表的言论中，一旦稍有涉及贝叶斯统计学（主观主义的气息），该学者就会受到学会的集体抨击。这就是贝叶斯统计学在统计学世界中被"封印""抹杀"的一段历史。

▶贝叶斯统计学的复活

然而，就像前面丢包的例子那样，结合了经验和概率的贝叶斯统计学，对现实生活很有帮助。

尤其是战争时期，当己方对于敌军的准确信息掌握不充分，但又必须做出重大决定的情况下，就会使用贝叶斯统计学。①

此外，在第二次世界大战中，英国数学家图灵等人利用贝叶斯统计学成功破解了纳粹德国的英格玛密码，贝叶斯统计学因此被严格限制为"军事机密"，它的有效性没能被大众所了解。

现在的人们已经知道，贝叶斯统计学能够在传统统计学无能为力的领域解决现实中的紧急问题，例如，确定携带氢弹的美军空军飞机坠毁位置等。

2001年，微软的比尔·盖茨提出，贝叶斯技术是21世纪的微软基本战略。谷歌公司采用名为贝叶斯过滤器的邮件过滤器来检测垃圾邮件。其原理是：预先创建垃圾邮件的定义，然后根据用户是否将其视为垃圾邮件，来判断用户下一封收到的邮件是否为垃圾邮件。

就这样，贝叶斯统计学在实用性方面的优势逐渐显现，最终得到人们的承认，并大放光彩。

---

① 第二次世界大战期间，数学家和统计学家极为匮乏，连精算师也被迫上阵。他们不是统计学专家，在不了解贝叶斯统计学的情况下便使用了它，不好说这是幸运还是不幸。

第二章

不要用错数据和图表

我们从小学就开始接触图表，上了班之后更是每天都要接触数据。我们似乎对数据和图表都非常熟悉……

但是，如果不了解"数据的类型"，就可能在进行统计处理时犯下大错，如果在"图表处理"中犯了错误，甚至会严重影响商务活动。为了避免发生上述情况，本章为大家介绍数据的类型，以及图表处理中的"常识与非常识"。

1 连续数据与非连续数据

我们平时处理的数据有许多类型。首先可将其分为连续数据与非连续数据。

数据也分很多种类。连续数据是指身高、体重、时间这类不间断的连续数据。即使身高 170 cm 的人 1 个月之后长到 171 cm，也不是在某一瞬间长高的这 1 cm，而是逐渐地、不停顿地慢慢长高。体重、时间也是同样。

与此相对，非连续数据指的是相互独立的数字。比如台阶，有第一级台阶、第二级台阶，但中间绝对没有第 1.67 阶。

因此，考虑到这样的分布，如果是连续数据，则用紧挨着的直方图表示，而如果是非连续量的话，用有间隔的柱状图比较妥当。

实际上，有时候也用 1 cm 为单位来表示身高（非连续数据），或者用连续数据来表示金钱（本应用 1 日元、2 日元来表示）。两者的区别在于，连续数据是模拟量，非连续数据是数字量。如果对此感到疑惑，可以用"是否能用小数点表示"来思考（平均值等是例外）。

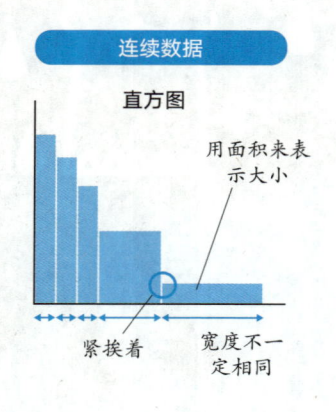

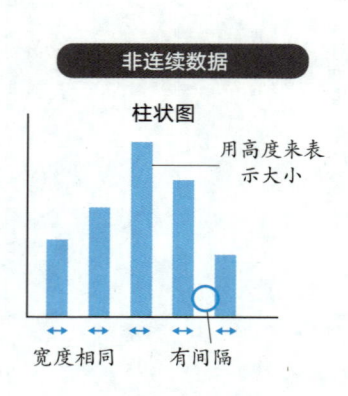

连续数据
直方图
用面积来表示大小
紧挨着　宽度不一定相同

非连续数据
柱状图
用高度来表示大小
宽度相同　有间隔

连续数据

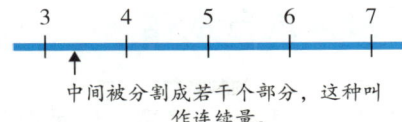

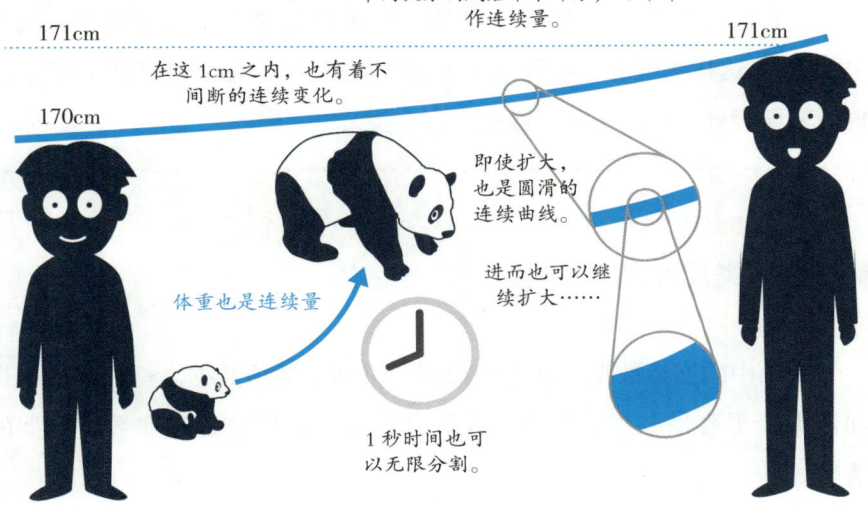

3　4　5　6　7

中间被分割成若干个部分，这种叫作连续量。

171cm　　　　　　　　　　　　　　　　　　　　171cm

在这1cm之内，也有着不间断的连续变化。

170cm

体重也是连续量

即使扩大，也是圆滑的连续曲线。

进而也可以继续扩大……

1秒时间也可以无限分割。

连续量·非连续量的区分，可以根据是否"能用小数点表示"来思考

非连续数据

3　4　5　6　7

间隔为1的数据

有1点、2点，但没有1.3点。

数钱：1日元、2日元。

书、本子：1册、2册。

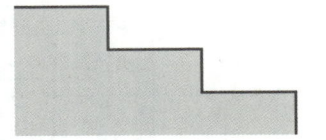

说我是"半吊子"，是半个人的意思吗？

药：1片、2片；人：1人、2人。
房子：1幢、2幢……俗话说"工作上是个半吊子"，但没有半个人。

台阶：有第1级、第2级台阶，但绝对没有1.67级台阶！

第二章　不要用错数据和图表

51

2 用尺度来划分数据

人的信息也有很多种类。身高、体重很明显属于数值数据,而像"男/女"这样的性别,则既不属于连续数据,也不属于非连续数据。这时就需要用到"尺度"来对数据进行分类。

▶ 分为4类尺度之后,可以明白什么?

前项中的连续数据、非连续数据,都属于数值数据。一般来说,提起数据,很容易联想到数值。在统计学中,确实有处理非数值数据的情况。

下面简历中的数据可以分为4类尺度,根据不同尺度的性质,做出不同的处理(计算代表值)等。

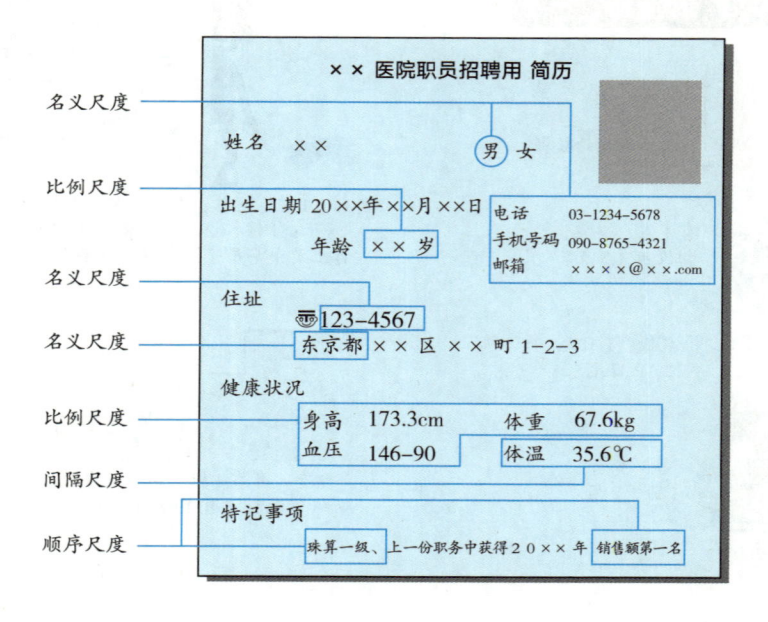

```
                    ××医院职员招聘用 简历

名义尺度 ————   姓名   ××              男 女

比例尺度 ————   出生日期 20××年××月××日
                                          电话   03-1234-5678
                年龄  ××岁              手机号码 090-8765-4321
                                          邮箱   ××××@××.com
名义尺度 ————   住址
                〒123-4567
名义尺度 ————   东京都××区××町 1-2-3

                健康状况
比例尺度 ————   身高   173.3cm      体重   67.6kg
                血压   146-90         体温   35.6℃
间隔尺度 ————

                特记事项
顺序尺度 ————   珠算一级、上一份职务中获得20××年 销售额第一名
```

52

我在下图中做了大致归纳。并不是说不了解尺度就无法理解统计学，不过，在处理数据时需要对此有一定的认识。

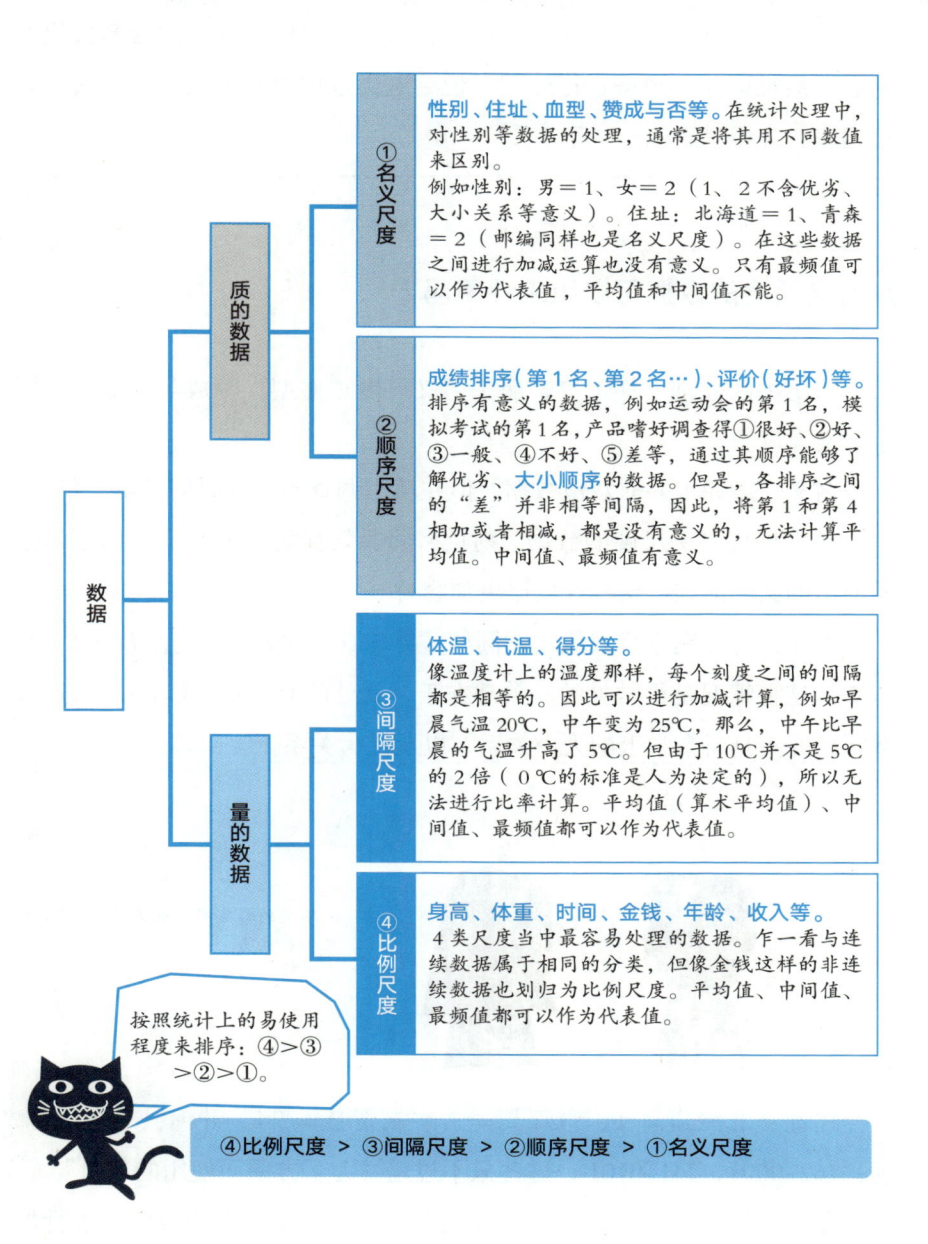

```
                              ┌─────────────┬──────────────────────────────────────────────┐
                              │ ①名义尺度   │ 性别、住址、血型、赞成与否等。在统计处理中，  │
                              │             │ 对性别等数据的处理，通常是将其用不同数值      │
                              │             │ 来区别。                                      │
                    ┌─ 质的 ──┤             │ 例如性别：男＝1、女＝2（1、2不含优劣、        │
                    │  数据   │             │ 大小关系等意义）。住址：北海道＝1、青森       │
                    │         │             │ ＝2（邮编同样也是名义尺度）。在这些数据       │
                    │         │             │ 之间进行加减运算也没有意义。只有最频值可      │
                    │         │             │ 以作为代表值，平均值和中间值不能。            │
                    │         ├─────────────┼──────────────────────────────────────────────┤
                    │         │ ②顺序尺度   │ 成绩排序（第1名、第2名…）、评价（好坏）等。   │
                    │         │             │ 排序有意义的数据，例如运动会的第1名，模       │
                    │         │             │ 拟考试的第1名，产品嗜好调查得①很好、②好、    │
                    │         │             │ ③一般、④不好、⑤差等，通过其顺序能够了       │
                    │         │             │ 解优劣、大小顺序的数据。但是，各排序之间      │
 数据 ──┤                     │             │ 的"差"并非相等间隔，因此，将第1和第4         │
                    │         │             │ 相加或者相减，都是没有意义的，无法计算平      │
                    │         │             │ 均值。中间值、最频值有意义。                  │
                    │         ├─────────────┼──────────────────────────────────────────────┤
                    │         │ ③间隔尺度   │ 体温、气温、得分等。                          │
                    │         │             │ 像温度计上的温度那样，每个刻度之间的间隔      │
                    │         │             │ 都是相等的。因此可以进行加减计算，例如早      │
                    │         │             │ 晨气温20℃，中午变为25℃，那么，中午比早       │
                    └─ 量的 ──┤             │ 晨的气温升高了5℃。但由于10℃并不是5℃        │
                       数据   │             │ 的2倍（0℃的标准是人为决定的），所以无        │
                              │             │ 法进行比率计算。平均值（算术平均值）、中      │
                              │             │ 间值、最频值都可以作为代表值。                │
                              ├─────────────┼──────────────────────────────────────────────┤
                              │ ④比例尺度   │ 身高、体重、时间、金钱、年龄、收入等。        │
                              │             │ 4类尺度当中最容易处理的数据。乍一看与连       │
                              │             │ 续数据属于相同的分类，但像金钱这样的非连      │
                              │             │ 续数据也划归为比例尺度。平均值、中间值、      │
                              │             │ 最频值都可以作为代表值。                      │
                              └─────────────┴──────────────────────────────────────────────┘
```

按照统计上的易使用程度来排序：④＞③＞②＞①。

④比例尺度 ＞ ③间隔尺度 ＞ ②顺序尺度 ＞ ①名义尺度

3 名义尺度是"北海道＝1"之类的数据

在4类尺度之中，排在第一位的就是名义尺度。这是因为名义尺度的数据最难以作为数据进行处理。但给这类数据赋予名义尺度之后，处理起来就会相对简单一些了。

▶名义尺度的数据可以用来计算吗？

简历中的性别、住址等，属于名义尺度。血型、赞成与否等，也属于名义尺度。

名义尺度原本并非数值数据，但在填写调查问卷等时的"本人信息"中，经常出现名义尺度的数据。对此，将其转换为数值数据，而不是按照原本的文字形式会使统计变得更加容易。

首先，对性别进行数值化，例如：男＝0、女＝1，或者男＝1、女＝2，这种情况是很常见的。关键在于，此处的0、1，或者1、2这些数字，并不具备数学上的大小关系，以及优劣关系。

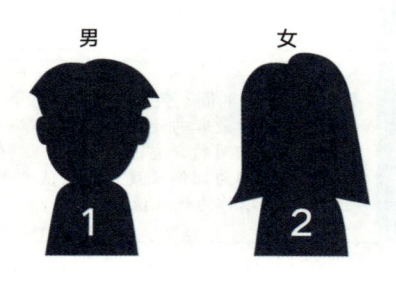

· 不同的数字并不代表大小、优劣。
· 仅仅是为了区分。

住址：北海道＝1、青森县＝2、滋贺县＝24、冲绳县＝47；邮编：162-0001、241-0101，这些只不过是"为了方便而使用的数值"。

在某种程度上，它们只是不含优劣关系、大小关系的数值，进行加减乘除运算是毫无意义的。当然，求平均值也是毫无意义的。

至此，笔者多次提及这些数据是无意义的，那么，如果试着实际计算，又会得到怎样的结果呢？例如，北海道＝ 1、冲绳县＝ 47，当计算出这些数据的平均值时，大概没有人会有恍然大悟的感觉吧！

$$\frac{北海道 + 冲绳县}{2} = \frac{1+47}{2} = 24 = 滋贺县$$

为日本的各个地区赋予数字编号，那么北部的北海道、东北、关东、中部地方的 23 个都道府县一共需要 23 个数字。因此，第 24 号数字属于近畿地方。那么，究竟应该从滋贺县开始算，还是从三重县开始算，在不同的具体案例中，编号也可以是不同的，并没有一个确定的顺序。也就是说，名义尺度只不过是为了方便而进行的"数值化"，其数值也不是绝对的。对其进行加减乘除运算，根本没有意义。

没有意义是指无法进行计算吗？

不是这样的，计算倒是可以进行，就像方才上面的除法运算，只是结果没有意义。当然，将北海道和冲绳县两者的数值相加，如果是求平均温度的话倒是可以（这也不属于是有意义的计算）。

原来如此……对了，还有一个问题我一直不明白……了解这些数据的分类，对学习统计学有何帮助呢？这个问题好像有些失礼，真是不好意思。

$$\frac{北海道+冲绳县}{2}=\frac{1+47}{2}=24=滋贺县$$

这样计算真是神奇啊！

1 北海道

滋贺县 24

如果数字 24 并没有赋予滋贺县，而是 24＝三重县，那么计算结果是不是变为三重县了呢？

47 冲绳县

> 我不知道这对于理解统计学有没有直接的帮助，但对于数据处理是有帮助的。"计算出毫无意义的结果"，这也是对忽视数据的类型而强行计算的警告。但是，如果不了解数据类型（尺度）的特性，有可能因为忽略而做出很奇葩的计算。例如，"这样的数据类型，即使计算也没有意义""能做加法，但不能做除法"，等等。
>
> 嗯，没有具体的例子可能还是不太好理解……后面的顺序尺度会讲到。在不了解数据类型的情况下计算，并做了排序的情况经常发生。

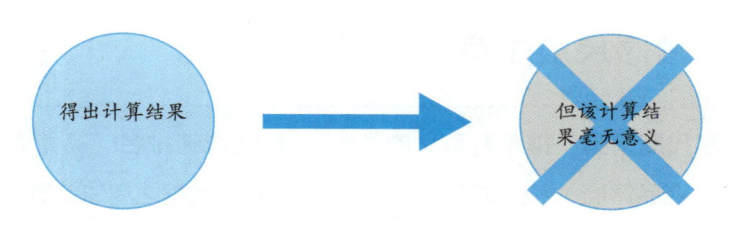

得出计算结果 → 但该计算结果毫无意义 ✗

咦，还有这样的例子呢？但是，要说"不能把北海道和冲绳县相加除以 2"，这样也太极端了吧？这一点不用刻意强调也明白。

如果是极端的事例，就很容易理解，很难弄错。"将各县的编号平均化……"听起来像是厉害的计算吧。此时，把它当成极端事例，就能通过直觉理解了，这一点是很好的。

本书的最后，提到了连数学家都会弄错的智力题。如果你觉得自己会弄错，或是看了答案也不能理解，可以思考极端的事例，这样就大可放心了。

最后，还有一个问题：现在我已经知道，做加减法是没有意义的，那么，统计学的代表值又如何呢？

是的，这一点很重要。北海道和冲绳县的例子中，平均是没有意义的。那么中间值呢？在名义尺度的情况下，"男＝1、女＝2""北海道＝1、青森县＝2……"这样的排列方法也是没有意义的（无法根据大小等排序）。所以，通过名义尺度无法获得中间值，但能获得最频值。

第二章 不要用错数据和图表

4 顺序尺度是有"顺序"的数据

顺序尺度是指"排序有意义的数据",包括成绩排名(第 1 名、第 2 名……)、商品评价(好评或差评)等。但是,相邻数据之间的差值并不一定相等。

▶ 顺序尺度有"顺序"

顺序尺度的例子包括,运动会的第 1 名、第 2 名,测验成绩排名第 1 名、第 2 名,等。产品喜好调查中的①很好、②好、③一般、④不好、⑤坏也属于数值化的顺序数据。

> 呃,我感觉,从分配数值这一点来讲,名义尺度和顺序尺度像是同一个概念。两者有什么区别呢?区分标准在哪里?

> 正所谓"顺序尺度也有顺位",也就是说,顺序尺度的数值用来表示大小顺序(优劣)。

> 啊,原来是这样。前面的名义尺度,只是用数字作为各个都道府县的编号,数字的顺序和大小没有关系,也不代表优劣差异。但顺序尺度的数据,运动会的第 1 名、第 2 名,以及珠算 1 级、2 级,这些数据都代表着"某些排序"。

> 嗯,不过依然不能进行加减乘除运算。因为,运动会第 1 名、第 2 名、第 3 名……这些排名之间(时间等)并不是"相等间隔",所以进行计算也是没有意义的。

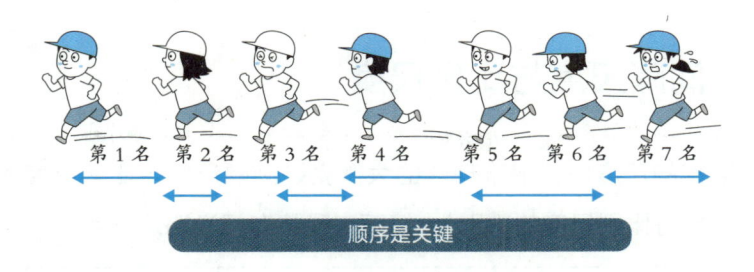

第1名　第2名　第3名　第4名　第5名　第6名　第7名

顺序是关键

原来如此。对了，刚才前辈说，忽略数据的类型进行计算的事情经常会发生又是什么情况呢？

举个例子，调查问卷"将你喜欢的产品从第1名到第3名排序"，第1名的企业10分、第2名9分、第3名1分，将最终结果进行排序，排出好感度最高的前10名公司。

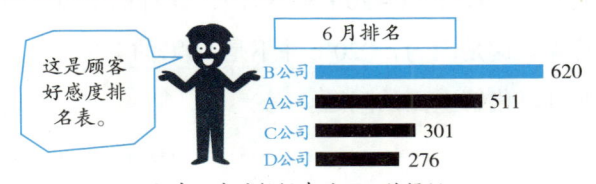

这是顾客好感度排名表。

6月排名
B公司　620
A公司　511
C公司　301
D公司　276

＊顺序尺度的数据有时可以被操纵

改变分数，排位也会随着变化。啊，是这样的。

说到底，因为间隔不相等，所以其实根本不能进行打分。3分、2分、1分不容易被注意到，但在10分、9分、1分的端例子中，就很容易注意到了。

在顺序尺度的情况下，即使不是数值数据，因为可以按照从大到小的顺序、从快到慢的顺序、成绩或评价的优良顺序等进行排列，所以能算出中间值和最频值。

顺序尺度的数据　　　中间值　　　最频值

1级　1级　2级　2级　2级　3级　3级　3级　3级

第二章　不要用错数据和图表

59

5 间隔尺度与比例尺度

在数据的尺度中,最难理解的大概就是间隔尺度与比例尺度的区别了(其次是与比例尺度的判别)。接下来我将专门说明这一点。

▶ 20℃不是10℃的2倍?

间隔尺度的数据具有相等的间隔,例子有,体温、气温、得分,等等。所有数值的间隔全部相等,因此可以进行数据间之间的计算。

以温度为例,可以进行像"早晨20℃,中午变为25℃,则中午相比早晨,气温上升了5℃(25℃-20℃=5℃)"这样的加减法计算,但不能进行乘除法运算。这是因为,"20℃并不是10℃的2倍"。

比例尺度可以化解上面的问题。

我有疑问!为什么可以进行像"25℃-20℃=5℃"这样的加减法运算,却不能认为"20℃是10℃的2倍",也就是说,"不能进行比率计算"呢?20÷10=2确实也没错呀。数据之间的间隔明明是相等的呀。

当然了,如果只把目光放在摄氏温度的世界里,那么"20℃是10℃的2倍"倒也没错。但如果以别的温度标准测量,还会是2倍吗?

温度不止一种,除了摄氏温度(℃)以外,还有华氏温度(℉)的存在。10℃、20℃,就相当于华氏温度的50℉、68℉。[1]

---

[1] 摄氏温度(℃)与华氏温度(℉)的变换关系公式:℉=(℃×9/5)+32。

而 68÷50＝……结果就不再是 2 倍。因此说，用摄氏温度（℃）测量得到的数据进行乘除法计算是没有意义的。

如果这样，那么就只剩下绝对温度（K）了……

正是这样。绝对温度就属于比例尺度。区别就在于，摄氏温度和华氏温度的 0 度都是人为决定的，有负数温度的存在。而绝对温度的 0 度，是自然界中最低的温度。也就是说，在绝对温度中，比 0 度还低的温度根本不存在。因此，可以进行乘除法和比率计算，以及平均、中间值、最频值的计算。

哦，所以我们可以认为，绝对温度的 100K，就等于绝对温度 10K 的 10 倍。身高、体重、时间、金钱、年龄、基本不会小于 0。销售额也是这样，即使没有达成销售额任务，也不会出现负数的销售额。①

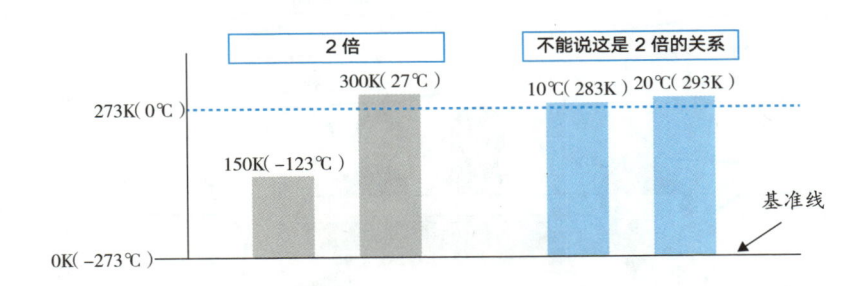

| 2 倍 | 不能说这是 2 倍的关系 |

300K（27℃）　　10℃（283K）　20℃（293K）

273K（0℃）

150K（−123℃）

基准线

0K（−273℃）

---

① 也有例外。在出版行业，图书出库阶段就计入销售额，在退货阶段再扣除差额。因此，有的月份可能会出现销售额为负数的情况。

第二章　不要用错数据和图表

61

统计学研讨课

百分率与百分点的区别

A 公司在会议上讨论竞争对手 Y 公司的经营情况,"Y 公司去年市场占有率为 20%,今年增长了 5%"。听取汇报的 A 公司的部门经理应该认为 Y 公司的市场占有率是多少百分点呢?这与其说这是统计学的问题,不如说是如何正确处理(表达)数据的经验、常识。

▶ 从 20% 上升 5% 代表着什么?

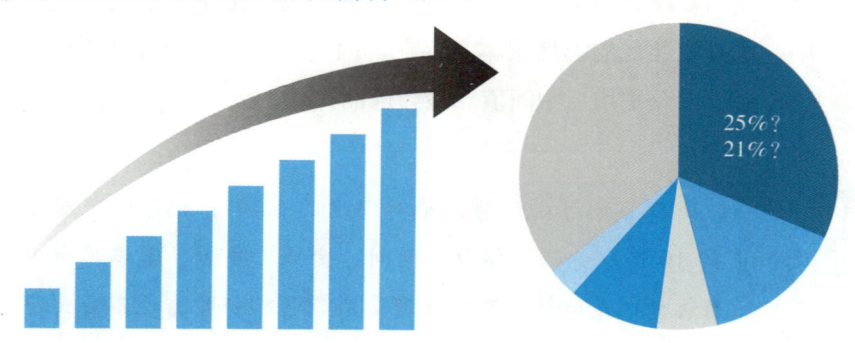

25%?
21%?

乘法思路

部长,增长了 20% 的 5%,也就是增长了 1%,变成 21%。

百分点、百分点……那家伙从部长那里挣的是百分点吗?

加法思路

部长,Y 公司增长了 5%,那就是变成了 25%。

百分点思路

部长,如果从百分点的角度来思考,就不会混乱了。

▶ 用%来表示增加的部分，是错误形成的温床

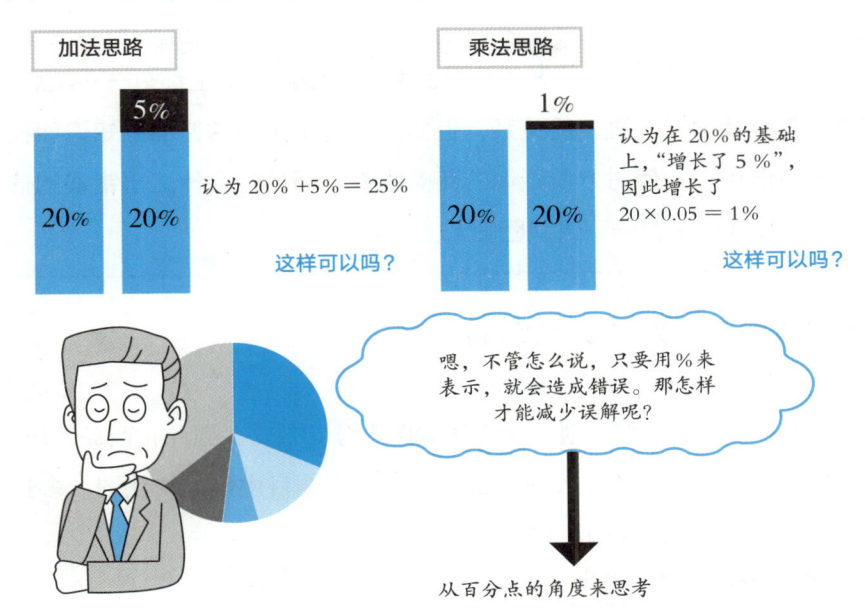

加法思路

5%
20% | 20%

认为 20% + 5% = 25%

这样可以吗？

乘法思路

1%
20% | 20%

认为在 20% 的基础上，"增长了 5%"，因此增长了 20 × 0.05 = 1%

这样可以吗？

嗯，不管怎么说，只要用%来表示，就会造成错误。那怎样才能减少误解呢？

从百分点的角度来思考

▶ 百分点的使用方法

- 失业率从 3% 增长到 3.35%，失业率上升了 0.35 个百分点。

- 对大联盟 5 万场比赛进行调查，结果显示，主队的胜率为 53.9%，但如果比赛时间超过两个小时，主队的胜率就会减少 3.5 个百分点，使得主场优势消失。

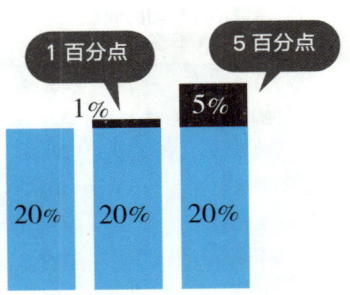

1 百分点   5 百分点

1%   5%
20% 20% 20%

▶ 以下两种方法是正确的表达方式

① Y 公司的份额比起去年增长了 5 个百分点。

② Y 公司的份额从去年的 20% 增长到今年的 25%，增长了 5%。

无论如何都要使用%的人，可以像②那样，加上前后数字，以防造成误会。

63

6 等到出错就为时已晚——"饼状图禁忌"

饼状图、柱状图、折线图等常见的图表在使用方法上都有一些禁忌。虽然这与统计学没有直接的关系，但如果因为不了解这方面的知识而在他人面前误用，会使对方质疑你的商务素养，而且也会传达出错误的信息。现在让我们来看一下饼状图吧！

▶ 多选题目可以采用饼状图吗？

在展示比率（份额）时，采用饼状图十分有效[①]，因此在商务领域，人们较多地使用饼状图。容易犯错的是在多选题目中采用饼状图。多选是指以下这种调查问卷的形式。

■ 如有多选不得使用饼状图

希望小孩学习的课程
（采访了 100 位父母，多选）

①英语	45 人	（45%）
②游泳	32 人	（32%）
③钢琴	27 人	（27%）
④书法	16 人	（16%）
⑤绘画	15 人	（15%）
⑥体操	10 人	（10%）
⑦电脑	5 人	（5%）

n=100

> 从所有选项中选择两个以上答案，就是多选。

> 下方的小字 n 代表回答数。

在以上调查问卷中，问题是"希望小孩学习的课程"，回答可以有不止一个，可以选择多个项目并画"√"，这就是"多选"。那么将所有的回答率相加，结果大于 100%（除以答题的人数 100），这样就画不出饼状图。

退一步讲，可以用画"√"的数字（150）作为除数，算出比率，然

[①] 饼状图也有弊端，例如，不能用来表示大小、时间的经过等。

后画成饼状图。

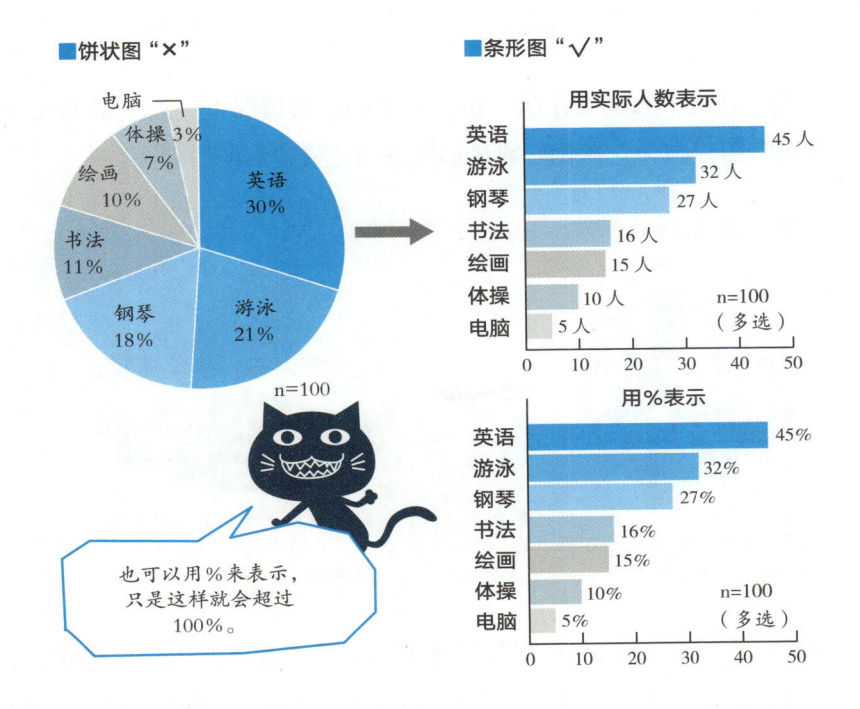

■饼状图"×"

电脑 3%
体操 7%
绘画 10%
书法 11%
钢琴 18%
游泳 21%
英语 30%
n=100

■条形图"√"

用实际人数表示

英语	45人
游泳	32人
钢琴	27人
书法	16人
绘画	15人
体操	10人
电脑	5人

n=100（多选）

用%表示

英语	45%
游泳	32%
钢琴	27%
书法	16%
绘画	15%
体操	10%
电脑	5%

n=100（多选）

也可以用%来表示，只是这样就会超过100%。

但是，别高兴得太早，看看饼状图中的数字就明白了。调查问卷结果中，英语占比45%，而饼状图中却是30%。如果用150而不是100做除数，即使能得到饼状图，也无法反映实际情况。

在这种情况下，应当放弃饼状图，选择条形图。右上角的图表是用条形图表现的，柱状图同样适用。此时，件数（人数、个数等）可以用%比率来表示。用%表示的柱状图或条形图做出来，总计是超过100%的。

并且，柱状图栏外标明了"多选"。同时，无论是饼状图还是柱状图，都不要忘记记录回答数（实际回答问题的人数）n=100（n是number的缩写）。n并不是发出或者回收的问卷份数，而始终应该为实际回答该题目的人数。

▶最好不要使用立体饼状图

饼状图以比率为基础作图，在要求精确性的情况下，应尽量避免使用立体饼状图。因为立体化后容易形成下面这样变形的饼状图。

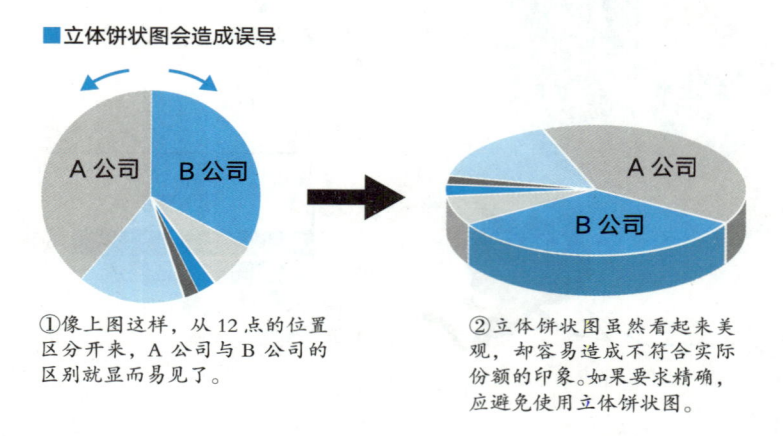

■立体饼状图会造成误导

①像上图这样，从12点的位置区分开来，A公司与B公司的区别就显而易见了。

②立体饼状图虽然看起来美观，却容易造成不符合实际份额的印象。如果要求精确，应避免使用立体饼状图。

需要注意，表现市场占有率等商务场合尽量避免使用立体饼状图，立体饼状图如上面右图那样，大小常常会颠倒过来。在做展示时，希望用美观的立体饼状图的心情可以理解，但如果对方察觉到图像是变形的，会认为"这个公司在糊弄市场占有率，不能信任"，反而造成了不好的结果。

▶合计不等于100%时的处理方法

笔者经常收到关于饼状图制作问题的咨询——"合计等于100.2%""只有99.8%"，此时该怎么处理呢？合计不等于100%的原因是，四舍五入导致的误差积累。此时常用的方法是，用最大比率的项目吸收误差（用不显眼的方式）。

当然，我们可以在表格、图表中填写精确的数字，附加注释时，在栏外补充一句"由于四舍五入，导致合计不足100%"即可。

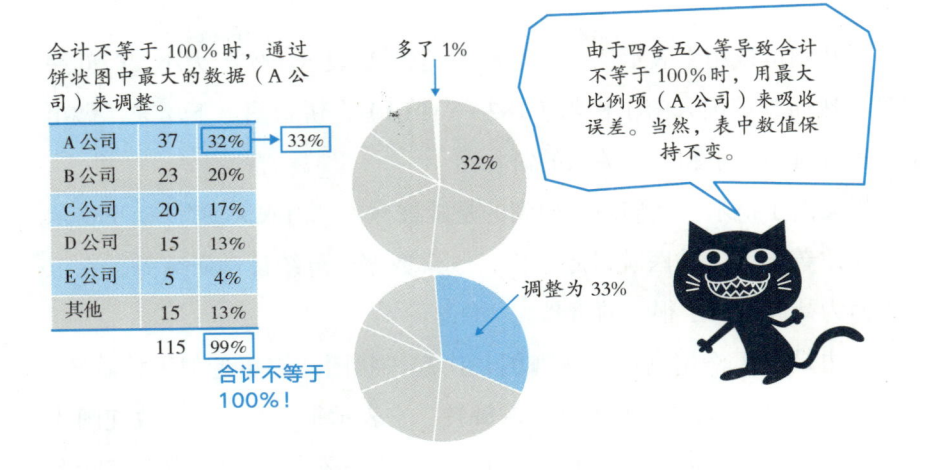

合计不等于100%时，通过饼状图中最大的数据（A公司）来调整。

A公司	37	32%	→ 33%
B公司	23	20%	
C公司	20	17%	
D公司	15	13%	
E公司	5	4%	
其他	15	13%	
	115	99%	

合计不等于100%！

多了1%

32%

调整为33%

由于四舍五入等导致合计不等于100%时，用最大比例项（A公司）来吸收误差。当然，表中数值保持不变。

▶ **避免饼状图**

在商务场合经常会看到饼状图，然而，饼状图无法比较大小，以及无法表现随着时间发生的变化，也容易被随便改动。因此，科学论文中不会使用饼状图。在展示公司商品的商务活动现场，其实也应该避免使用饼状图。

南丁格尔玫瑰图

　　饼状图可以用来表示比率（份额），但无法表示出实际大小、时间序列等。然而，英国人南丁格尔（1820—1910）在饼状图上下功夫，做出了有表现时间关系和大小关系的饼状图。

　　提起南丁格尔，人们最先想到的是她被称为"白衣天使"。南丁格尔致力于改善不卫生的医院设施条件，收集数据进行统计学研究等，在卫生方面为社会做出了很大的贡献。

　　右边是南丁格尔创作的玫瑰图，比起饼状图，它更近似于柱状图。玫瑰图是从中心向右每30度做一次旋转。它表示每个月（一个玫瑰图代表一年）的时间流逝，扇形的大小（半径）代表死亡的士兵数（实际上是以半径为刻度，却容易看成面积，准确性有所欠缺）。

　　内侧黑色部分表示在战场上因枪弹直接死亡的数字，外侧浅色部分表示因医院卫生不好而死亡的数字（浅蓝色部分表示其他）。也就是说，"比起战场，因感染死亡的人数更多"，玫瑰图是强调这一观点的图形。

　　南丁格尔从小对数学就抱有强烈的兴趣，尤其崇拜被称为"统计学之父"的阿道夫·凯特勒。南丁格尔跟着家庭教师学习数学和统计学，对各国医疗设施的实际情况表现出很强的兴趣。

　　当时，土耳其和俄罗斯在克里米亚发生冲突（克里米亚战争，1853—1856）英国和法国支援土耳其。因此，英国政府派遣对各国医疗情况熟悉的南丁格尔作为护士长前往克里米亚。她在战地医院夜晚巡视，因此被叫作"提灯女神""白衣天使"。

　　正如文章开头叙述的一那样，南丁格尔的功绩在于改善了战地医院的卫生情况，使得伤病士兵的死亡率急剧下降。而且，她用数字掌握了一个事实：英军在不卫生的战地医院中感染而死的人数，远远大于在战场死于枪弹的人数。她抓住所有机会，致力于普及保持医院、家庭卫生的教育。南丁格尔还进一步整理出克里米亚战争中，英军的死因分析报

1855年4月～1856年3月

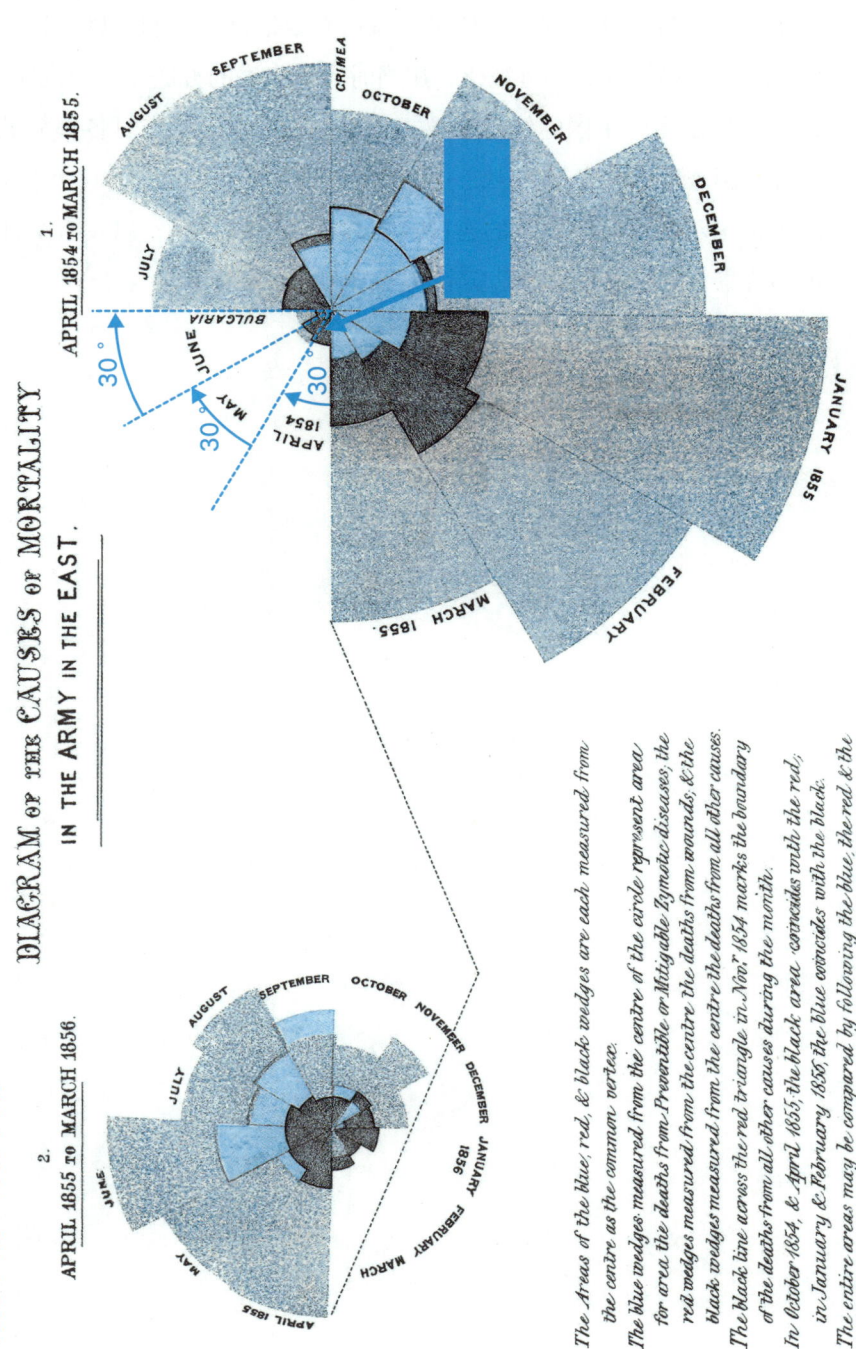

DIAGRAM of the CAUSES of MORTALITY
IN THE ARMY IN THE EAST.

1.
APRIL 1854 TO MARCH 1855.

2.
APRIL 1855 TO MARCH 1856.

The Areas of the blue, red, & black wedges are each measured from the centre as the common vertex.

The blue wedges measured from the centre of the circle represent area for area the deaths from Preventible or Mitigable Zymotic diseases; the red wedges measured from the centre the deaths from wounds, & the black wedges measured from the centre the deaths from all other causes.

The black line across the red triangle in Nov.r 1854 marks the boundary of the deaths from all other causes during the month.

In October 1854, & April 1855, the black area coincides with the red; in January, & February 1856, the blue coincides with the black.

The entire areas may be compared by following the blue, the red & the black lines enclosing them.

69

告。为了向不了解统计学的国会议员、官员有效地进行说明,她设计了玫瑰图,将无味枯燥的数字可视化,用当时非常先进的方法作展示说明。此后,南丁格尔出席了国际统计会议(1860年),提出将当时各国分散不一的统计调查形式、合计方法统一起来的建议,并被采用。

南丁格尔对各国医院设施的巡视、在战地医院的经验,以及有统计学知识的背景,对这些建议的落实起到了很大的作用。

第三章

理解平均值与方差

学习统计学首先就会接触到平均值、方差和标准偏差。但方差和标准偏差并不是很难理解的概念。只要理解了这部分的内容，也有助于理解正态分布的相关内容。

因为在第一章中已经大致进行了说明，本章可以看作是更深入的具体分析。

1 平均值是代表值的代表

与确认所有的数值相比，只确认几个有代表性的数值，能够更快地了解"整体情况"，也更容易进行年度数据对比或与其他公司进行对比。接下来让我们一起了解一下代表值。

夏季和冬季发奖金之前，工会向管理层亲手提交以下需求书，这是A公司的惯例。需求书中除了"需求金额"之外，还会记录向工会成员进行问卷调查所得出的"平均值、中间值、最频值、最大值、最小值"5个数值。

工会需求书
需求金额 55 万日元

对工会成员的调查结果
·平均值　54.27 万日元
·中间值　53 万日元
·最频值　50 万日元
·最大值　80 万日元
·最小值　37 万日元

将调查结果的平均值、中间值、最频值等数据加到需求书中，是为了表达这是"反应大多数工会成员心声的数字"。30 名工会成员的调查金额明细如下（截取部分表格）。

	A	B	C	D	E	F
1	430,000	670,000	470,000	平均值	=AVERAGE(A6:C15)	542,700
2	370,000	500,000	500,000	中间值	=MEDIAN(A6:C15)	530,000
3	620,000	600,000	480,000	最频值	=MODE(A6:C15)	500,000
4	580,000	560,000	520,000	最大值	=MAX(A6:C15)	800,000
5	476,000	560,000	500,000	最小值	=MIN(A6:C15)	370,000
6	800,000	580,000	443,000			
7	665,000	550,000	500,000			
8	570,000	600,000	467,000			
9	480,000	540,000	480,000			
10	720,000	550,000	500,000			

▶ 比起看全部数值，更要看代表值

虽然只有 30 个人的数据，但如果把全部数据列在一起来观察，反而看不出整体倾向。比上期奖金多了还是少了？比起两年前又如何？因此，并非"把所有的数据全都看个遍才是最好的"。

正如第一章介绍过的那样，用一个数字来表示数据全体特征的数值被称为代表值。代表值是最具有普遍性的数值，在统计学中常用以下几个数值作为代表值：平均值、中间值、最频值。

▶ 所谓平均是指从"重心"位置向两侧均匀分布

首先，平均值可以称得上是代表值中的代表。平均值也有很多种类，如，算术平均值、加权平均值、倒数平均值、几何平均值。工会的需求书中，平均值是 54.27 万日元，如果没有特殊说明，这里的平均值是指算术平均值。

接下来，让我们一起感受，被称作平均值最大软肋的极端值对平均值产生的影响。

现有 2、3、4、4、5、5、5、6、6、7、8……①

11 个数据，则平均值是"总和 ÷ 数据个数"，也就是把"所有数据"加起来，然后除以 11 得出：

$$\frac{2+3+4+4+5+5+5+6+6+7+8}{11}=5$$

如下图所示，这里计算平均值的意思是"所有数据平均分布的重心。"

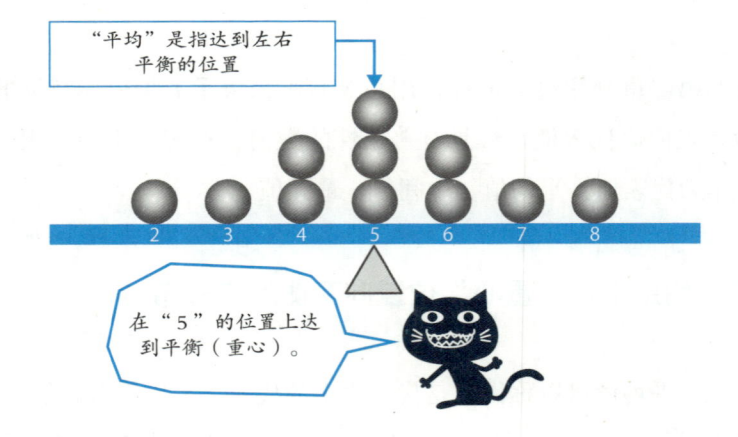

"平均"是指达到左右平衡的位置

在"5"的位置上达到平衡（重心）。

▶受极端值影响大的平均值

接下来把①中 11 个数值中的最后两个数值（7 和 8）替换，改成如下数据②。

2、3、4、4、5、5、5、6、6、18、30……②

即把"7、8"替换成相对大得多的数值"18、30"。然后按照相同的方式计算 11 个数据的平均值。平均值的值就不再是 5 而是 8（是最初平均值的 1.6 倍）。

$$\frac{2+3+4+4+5+5+5+6+6+18+30}{11} = \frac{88}{11} = 8$$

将这个平均值 = 8 像上面一样放在天平上来表示，确实，天平的左右两边是重量相等的，但是再看 11 个数据中有 9 个数据都小于平均值，呈现出一种不自然的状态。

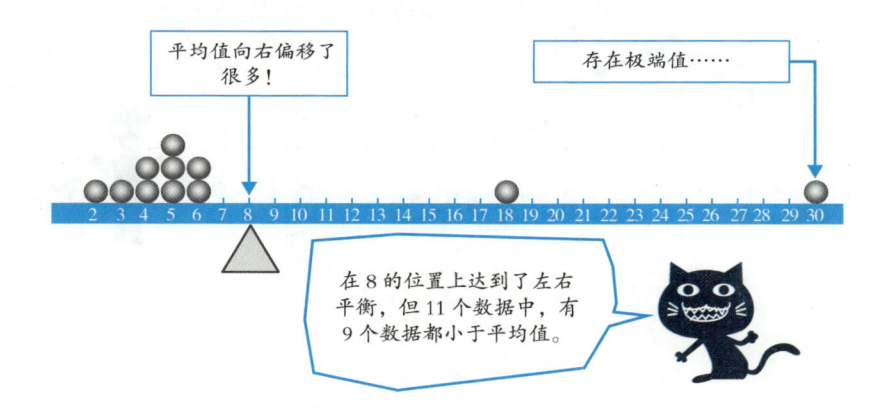

平均值向右偏移了很多！

存在极端值……

在 8 的位置上达到了左右平衡，但 11 个数据中，有 9 个数据都小于平均值。

出现这种情况，是因为最后两个数据变成了被称为极端值的非常大的数据，因此平均值也发生了很大的变化。由此可见极端值会对平均值造成极大的影响。因为"平均值是整体的重心（会受到极端值的影响）"。

▶ **如果认为上图中的重心位置难以理解**

虽说"平均值就是整体的重心"，但是如果看上图的话，左右平衡的结果是比较难理解的。

在这种情况下，我们来看看下图。用上下凹凸部分来表示"平均分布（互补）"的印象。即使存在极端值，如果用这样的图来表示，也能体会到这是可以补偿的。

事实上，当学习了之后要讲述的方差或标准偏差，就能更好地理解这种上下凹凸部分来表示"平均分布"的图表，它能够更好地体现"偏差"。

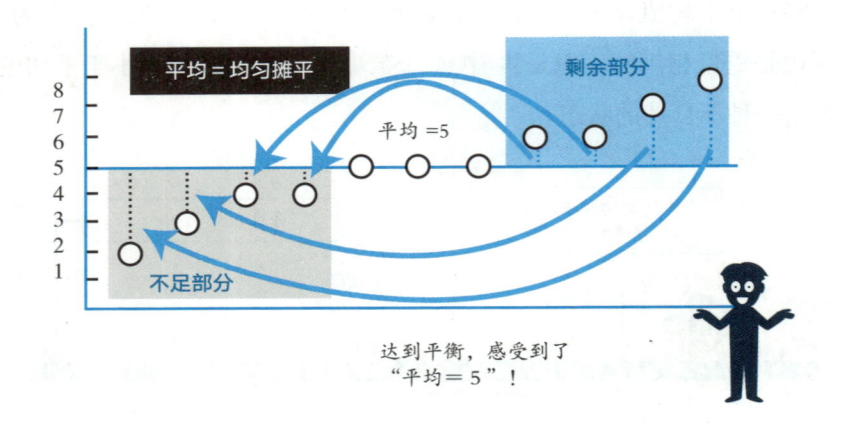

平均 = 均匀摊平

剩余部分

平均 =5

不足部分

达到平衡，感受到了"平均＝5"！

2 不受极端值影响的中间值

代表值中排在第二位的是中间值。比起平均值，中间值很难受到极端值的影响，因此也被称为"强健的代表值"。那么，"强健"是什么意思呢？

中间值是将所有数值按照从小到大（或从大到小）排列后，刚好在"最中间位置"的数值。因此，即使有极端小（或极端大）的极端值存在，也不会像平均值那样有很大的变化。在这个意义上，中间值被称为"强健的代表值"。

我是小可爱。
我是小傻瓜。
我是中间值，我的身体强健。
我是最厉害的。

▶ 验证中间值的强健

我们用前面①和②的数据来验证中间值是不是真的几乎不受极端值的影响（蓝色的数字是替换的数值）。

2、3、4、4、5、5、5、6、6、7、8……①

2、3、4、4、5、5、5、6、6、18、30 ……②

①和②中都是11个数值，按照从小到大的顺序排列，①和②"最中间位置"的数据，都是第6个数据，即"5"。②的平均值受到18、30两

个极端值的影响很大，但是中间值没有受到影响。这就是所说的强健。

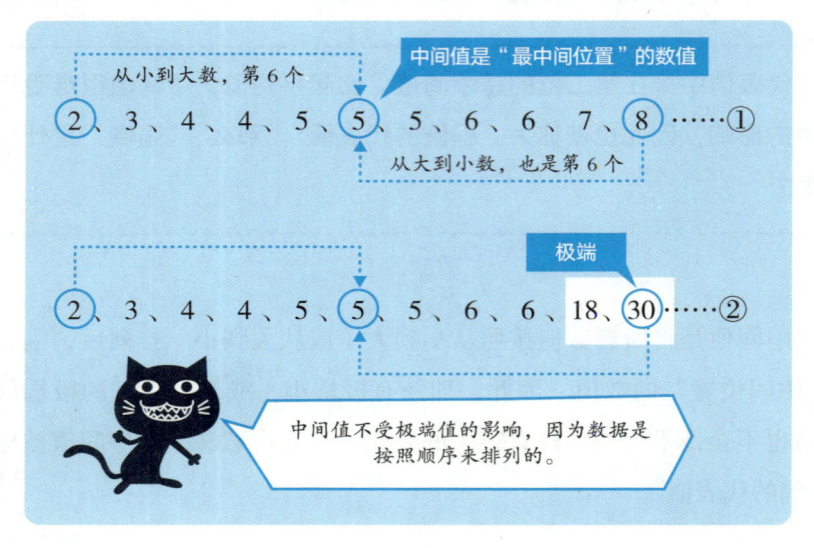

中间值是"最中间位置"的数值

从小到大数，第6个
②、3、4、4、5、⑤、5、6、6、7、⑧……①
从大到小数，也是第6个

极端
②、3、4、4、5、⑤、5、6、6、18、㉚……②

中间值不受极端值的影响，因为数据是按照顺序来排列的。

▶数据个数为奇数时、偶数时

当数据个数为奇数时（见左下），"最中间位置数"仅有 1 个，这个数值就被叫作中间值。当数据个数为偶数时（见右下），最中间位置的数据有 2 个，这种情况下就取这 2 个数据的算术平均值作为中间值。如右下例中即为（4+5）÷ 2 = 4.5。

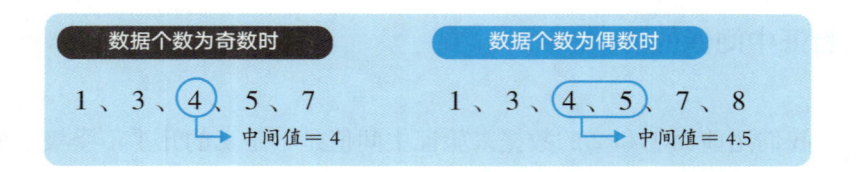

数据个数为奇数时	数据个数为偶数时
1、3、④、5、7	1、3、④、⑤、7、8
中间值 = 4	中间值 = 4.5

如本章末尾所讲，中间值常用于天气预报的"和往年一样"的描述中。此外，在描述汽车的燃料性能时、测定行进阻力值时，也使用中间值。

3 出现频率最高的最频值

代表值中排在第三位的是最频值。以班级投票来举例说明的话，最频值就是获得票数最多的人，也被叫作众数、范数、密集数。最频值看似是最容易理解的，但令人意外的是，它在实际应用时非常麻烦。

最频值是指在将数据划分为不同组（被称作'组段'→第四章），出现频率最高的组。但是，如果数据的总量不够大，用最频值来表示几乎没有意义。

例如，有 A—E 5 种商品，（A：5 万日元、B：4 万日元、C：3 万日元、D：2 万日元、E：1 万日元），有 5 个人参与了最受欢迎商品的投票。结果，得票最高（也就是最频值）的是 A 商品，2 票。根据上述结果很难得出"人们更喜欢高档商品"的结论。

A：2 票　　B：0 票　　C：1 票　　D：1 票　　E：1 票

事实上，如果在上述投票结果的基础上，再增加 2 人参加投票并将 2 票全部投给 E，对投票结果的分析就要变为"人们有选购物美价廉商品的倾向"了吧。

分析上述这种描述程度的数据（名义尺度、顺序尺度）时，出现频率最高的数（上述例子中的 A 或 E）就是最频值。

分析描述数量的数据时，在非连续数据（离散量）的情况下，也是出现频率最高的数值就是最频值。例如，本章第 1 节中工会需求书中，最频值是 50 万日元（从人的心理影响角度来说，最频值是整数的情况较多）。不过，在分析连续数据的情况下，则要看划分的组出现的频率。

在分组分析时，分组规则变化，会引起最频值的变化。

这也就是为什么最频值听起来简单，就是"出现次数最多的数值"的意思，但是还要考虑数据总量、分组规则等，在使用中有其不便一面的原因。接下来，我以专栏的形式介绍最频值的一种使用方法。

被用来破解密码的最频值

此处稍微跳脱本书的主线，以专栏形式，一起了解下最频值吧。

▶ Scytale 密码、恺撒密码

最频值在人类历史发展中发挥了重要作用，比如在密码领域的应用，在 a~z 的 26 个英文字母中，出现频率最高的是 e，其次是 t。分析文本中，字母出现频率的方法叫作频率分析。频率分析曾经被用于解读密码等。

他人在解读密码文（解密）时，必须要同时知道①密码的规律（加密算法），②密码键。

古希腊人在一种叫作 Scytale（密码棒）的木棍上缠上密码文，对方拿到木棍后根据缠在上面的密码文来进行解密。之后，罗马的恺撒开始使用将罗马字母均向后错位 3 个字母的"恺撒密码"。例如密码文"LZRQ"，解密时将各个字母均向前错位 3 个字母得到解密文"I WON"（我胜利了）。

因为一旦破解了"字母错位"这一规律（加密算法），只要知道解密键（即"错位几个字母"）即可，所以恺撒密码很容易破解。恺撒密码虽说有 26 种错位方式，但错位 26 个字母便和原文一样，事实上只有 25

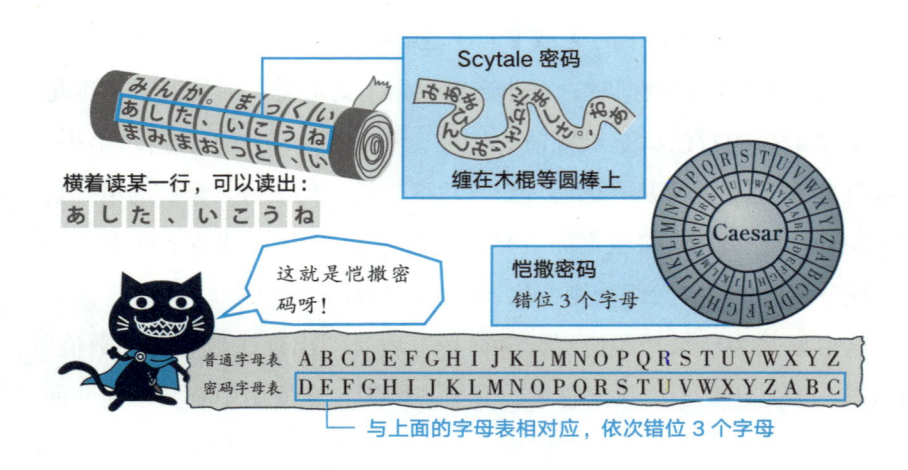

横着读某一行，可以读出：
あした、いこうね

Scytale 密码
缠在木棍等圆棒上

这就是恺撒密码呀！

恺撒密码
错位 3 个字母

普通字母表　ABCDEFGHIJKLMNOPQRSTUVWXYZ
密码字母表　DEFGHIJKLMNOPQRSTUVWXYZABC

└─ 与上面的字母表相对应，依次错位 3 个字母

种错位方式（25 个密码键）。

据说，电影《2001 年太空漫游》中电脑的名字"HAL"就是加密后的"IBM"[①]。

▶ 依据福尔摩斯频率分析来解密

如果不是把所有的文字都按照同样的规则错位，而是使用将每一个字母都替换成其他字母的加密算法，破解密码就会变得非常困难。例如，每个字母的变换没有规则，只是按照如下所示方式对应替换。

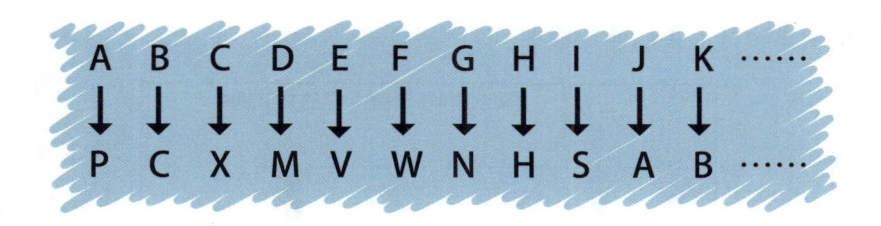

```
A B C D E F G H I J K ……
↓ ↓ ↓ ↓ ↓ ↓ ↓ ↓ ↓ ↓ ↓
P C X M V W N H S A B ……
```

即使只有 4 个字母的加密文，在破解时第 1 个字母可能是 26 个字母中的任意一个，第 2 个有 25 种可能，第 3 个有 24 种可能，第 4 个有 23 种可能，组合来说共有 $26 \times 25 \times 24 \times 23 = 358,800$（种）组合，解密需要大量的时间。

夏洛克·福尔摩斯的短篇小说《跳舞的小人》中，犯人留下了如下图片信息。

[①] HAL（Heuristically programmed ALgorithmic computer）的名字是将"IBM 公司的名字全部向前错 1 个字母得来的"。这种说法根深蒂固（I→H、B→A、M→L），取"先 IBM 一步去宇宙旅游的电脑"之意。

导演库布里克和编剧阿瑟·克拉克都否认这一说法。《2010 太空漫游》中也有钱德勒博士也否认是 IBM。然而，事后可能是 IBM 很喜欢这种说法，所以在《3001 太空漫游》的后记中有这样一句话"今后就让我们放弃更正这一根深蒂固说法吧"。虽说是比较绕的说法，但是也可以理解成"实际上就是这么回事"。

福尔摩斯认为将"每1个小人图像替换成1个对应的字母（替换）即可"。在解密替换规则时用到的就是"英文中一般出现频率高低是按照 e、t、a 顺序"这样的频率分析。

e＝12%～13%、t＝9%、a＝8%……

以上所说文字的使用频率因作者、类别、时代、语言的不同而多少会有些不同。在下表中，笔者根据《福尔摩斯探案集》的 12 篇作品中出现的文字统计而来的使用频率。

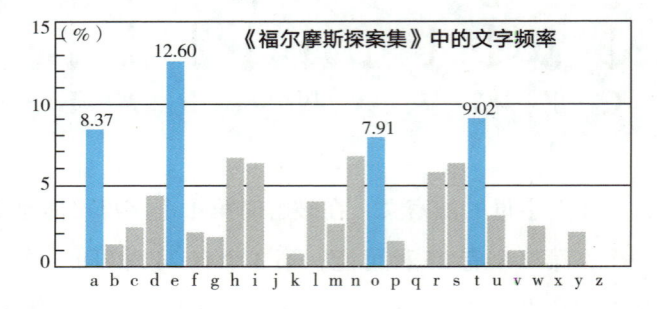

《福尔摩斯探案集》中的文字频率

▶ 为了隐瞒"破解成功"的事实也要用到统计学？

据说，在第二次世界大战中，德国的英格玛密码被认为是"绝对不能破解"的密码。德军将专用的解码机器交给前线军人，制造出 1.59×10^{20} 种密码键，而且这些密码键每天还会变化。

当时，英国数学家艾伦图灵[1]等人通过频率分析，从各种线索中成功

---

[1] 图灵等学者通过努力破解了英格玛密码的事情，英国政府在第二次世界大战结束 50 年后，都没有公布这件事情。英国学者西蒙·辛格讲述解密经过的《码书：编码与解码的战争》中详细描述了这一经过。如果想要大致了解其经过，可以去看本尼迪克特·康伯巴奇（Benedict Cumberbatch）主演的电影《模仿游戏》（2014 年上映），从中能够感受到当时的紧张感（虽然提到统计学的内容很少）。

破译了英格玛密码。

事实上，在成功破解密码后，盟军也运用了统计学的知识，只是这次应用带有些悲剧性的色彩。出发点是不能让纳粹德国察觉到已经将密码成功破解这一事实。

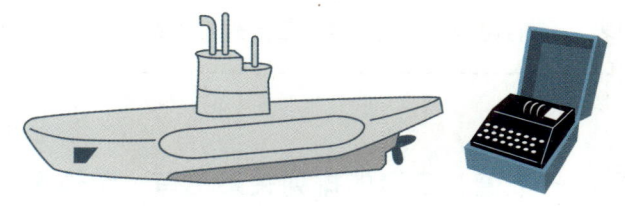

英格玛密码不止一种，其中 U 型潜艇的密码解读尤其困难。

如果纳粹德国的所有作战计划盟军都能知晓，那么盟军的损失就能控制在最小范围内，同时也能最大限度地打击敌人。但是如果这样做了，纳粹德国就会察觉到"英格玛密码被破解了"，并会立即改变加密算法，盟军想要破解密码就不得不重新开始……

因此当时盟军采取了有些攻击盟军会出击，有些攻击特意不派遣援军（即使船被击沉也视而不见）的特殊作战策略。

什么时候派遣援军，什么时候不派遣，以多高的准确率迎战才能让纳粹德国认为"不是英格玛密码被破解了，而是盟军恰巧（偶然）在场……"在出击频率的选择上，盟军使用了统计学的概率知识。欺骗方和被欺骗方都在用统计学知识做斗争。

图灵是公认的 AI（人工智能）的鼻祖。他的判断标准是，隔着窗帘提出几个问题，通过分析问题的答案，不能判断出窗帘后边的是人还是机器，那么这个机器就可以被称作"人工智能"。现如今在人工智能领域，这被称作"图灵测试"。

4　平均值、中间值、最频值三者的位置关系

平均值、中间值、最频值都是数据的代表值，这三个代表值并非总是同一个数值。当数据分布情况不同时，这三者又是怎样的位置关系呢？通过图表，我们可以更好地理解这三者的位置关系。

▶ 即使不是同一数值，三者的排列关系也有一定规律

当数据如下表所示呈现非常对称的完美分布时（正态分布），平均值、中间值、最频值几乎为同一数值。这种情况一般选用平均值作为代表值。

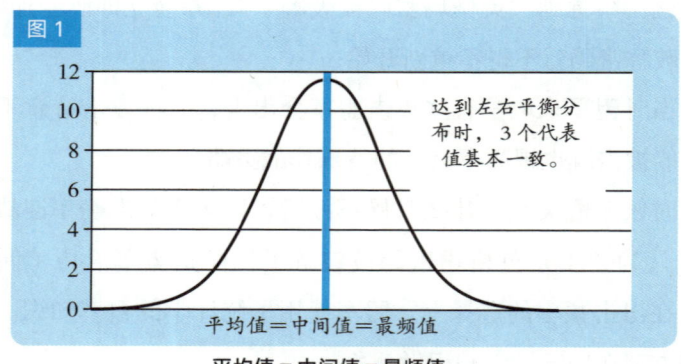

图1

达到左右平衡分布时，3个代表值基本一致。

平均值＝中间值＝最频值

平均值 = 中间值 = 最频值

选取平均值作为代表值比较方便，是因为平均值和标准偏差的关系密切。我会在下一章中阐述两者的关系。

然而，当数据的集合呈下一页中的分布形态时，平均值、中间值、最频值则不尽相同。平均值的变动很大。原因一眼就能看出，平均值受到极端值的强烈影响。从这三种不同的情况也可以再次确认，中间值一直都是"最中间位置"的数（不容易受极端值影响）。

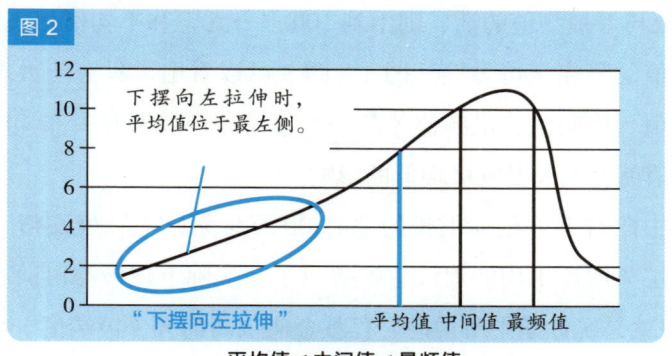

图2

下摆向左拉伸时，平均值位于最左侧。

"下摆向左拉伸"　平均值 中间值 最频值

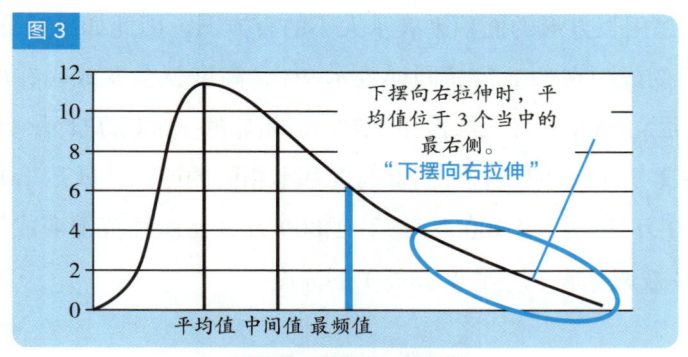

平均值 < 中间值 < 最频值

图3

下摆向右拉伸时，平均值位于3个当中的最右侧。
"下摆向右拉伸"

平均值 中间值 最频值

平均值 > 中间值 > 最频值

▶ **通过储蓄存款余额来了解三种代表值的特点**

用实例来分析平均值、中间值、最频值时，下一页及之后的表格最为合适。此表作为反映"代表值的不一致性（平均值比实际要高）"的图例，经常被用在一些统计学读物中，可能大家已经见过吧。

观察图表可知，每个家庭的储蓄金额（2016年为"平均1,820万日元"）。相信产生"我们家有1,820万日元储蓄吗"疑问的人也有很多。事实上这个数值并不能充分反映实际情况（事实上，2/3以上家庭的存款额都在平均值之下）。

再看图表所示"中间值1,064万日元"，是平均值1,820万日元的

58%。如果再看最频值的话，则不到 100 万日元，和平均值相去甚远。

平均值的不完全可靠性从图 1~图 3 可以看出。只有当数据左右对称时平均值、中间值、最频值才几乎一致。一旦数据向头部（尾部）倾斜，平均值就会大大受到极端值的影响。

下图中向右下方延伸很长的"4,000 万日元以上"极端值，被认为是富裕阶层（图表中用波浪线省略表示了，实际上该极端值向右延伸更长）。这也就是统计学中所说的"存款金额很高的人（极端值）大大拉高了整体的平均存款额所产生的现象"。

此表是用长方形的面积来表示大小的直方图。因此如果把分组（横轴）范围变成现在的 2 倍，同样表示 9%，高度就会变成现在的一半。900 万日元~1,000 万日元组占比 2.7%，相邻的 1,000 万日元~1,200 万日元组占比 5.6%，但是直方图上高度基本相同的原因，就是 1,000 万日元~1,200 万日元相较 900 万日元~1,000 万日元横轴范围变成了 2 倍，占比 5.6% 被调整成了一半（2.8%）的高度。

第三章 理解平均值与方差

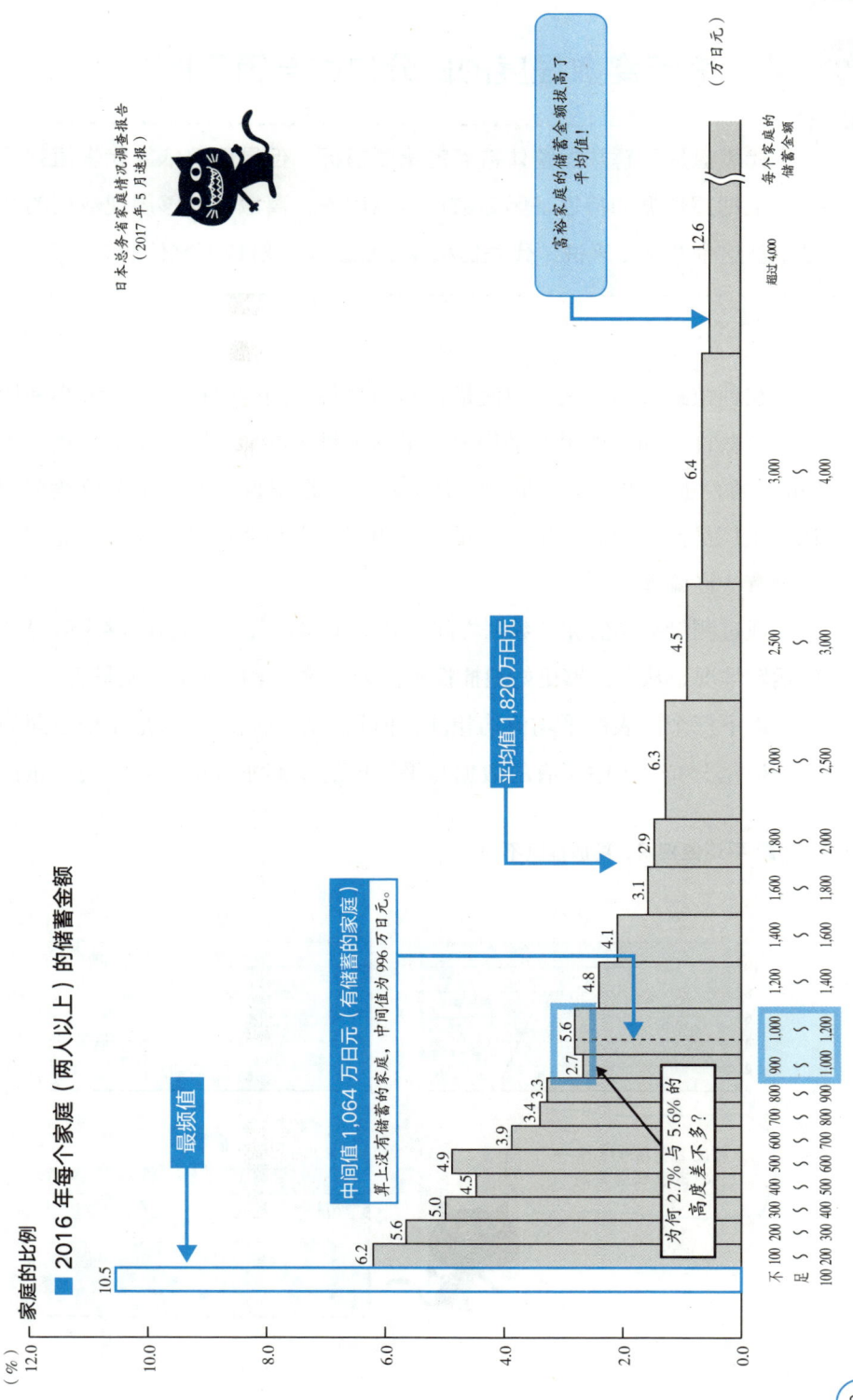

■ 2016 年每个家庭（两人以上）的储蓄金额

家庭的比例（%）

- **最频值**：10.5%
- **中间值 1,064 万日元**（有储蓄的家庭）
  算上没有储蓄的家庭，中间值为 996 万日元。
- **平均值 1,820 万日元**
- **富裕家庭的储蓄金额拔高了平均值！**

数据分布（年个家庭的储蓄金额，万日元）：

区间	比例(%)
不足100	10.5
100～200	6.2
200～300	5.6
300～400	5.0
400～500	4.5
500～600	4.9
600～700	3.9
700～800	3.4
800～900	3.3
900～1,000	2.7
1,000～1,200	5.6
1,200～1,400	4.8
1,400～1,600	4.1
1,600～1,800	3.1
1,800～2,000	2.9
2,000～2,500	6.3
2,500～3,000	4.5
3,000～4,000	6.4
超过 4,000	12.6

为何 2.7% 与 5.6% 的高度差不多？

（日本总务省家庭情况调查报告，2017 年 5 月速报）

87

5 表示离散程度的四分位数与箱形图

代表值是了解数据整体特点的重要指标,但是仅仅依靠代表值并不能完全把握数据的特性。因为数据有离散性,离散性能够展现数据的特征。从这个意义上来说,代表值和离散程度是了解数据整体的好搭档。

在种植蔬菜的时候,即使是相同的品种,同一时期培育,大小和形状也有些许不同。如果取平均值(平均重量)的话,既有比平均重量大(重)的,也有比平均重量小(轻)的。这是很自然的。跟种植蔬菜相比,工厂虽然更加想要生产质量完全相同的产品,但是最终的工业产品也会有些许偏差。

通过测量平均值和各数据之间的差值(偏差),我们就能够了解设备的运转情况,从而能够更好地捕捉到重大事故发生的苗头(质量管理)。

以下三个图表的平均值均相同,但是一眼就能看出这是完全不同的三组数据分布。①中所有的数据与平均值的差都非常小,看上去分布良

■ 平均值相同、离散程度不同

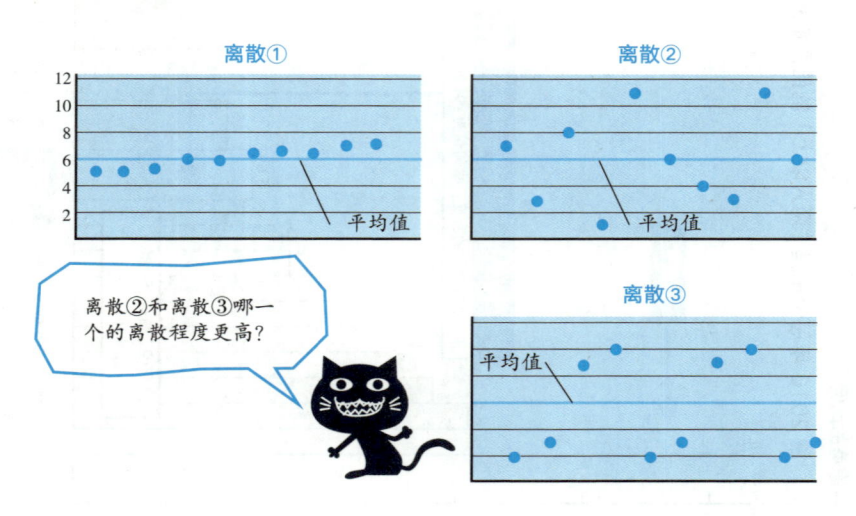

离散② 和离散③ 哪一个的离散程度更高?

好。②中既有与平均值相差不大的数，也有和平均值相差很大的数，很分散。③中数据也很分散，但是分散中仿佛有一定规律。

如上所述，即使平均值相同，如果不考虑数据的离散性，就无法了解数据的特性。

▶把"最大值·最小值"四分位数和中间值一起来看

第三章的工会需求书中把"最大值、最小值"也写进去了。由此表明了数据整体的范围。在统计学中从最大值到最小值的区间叫"范围（range）"。

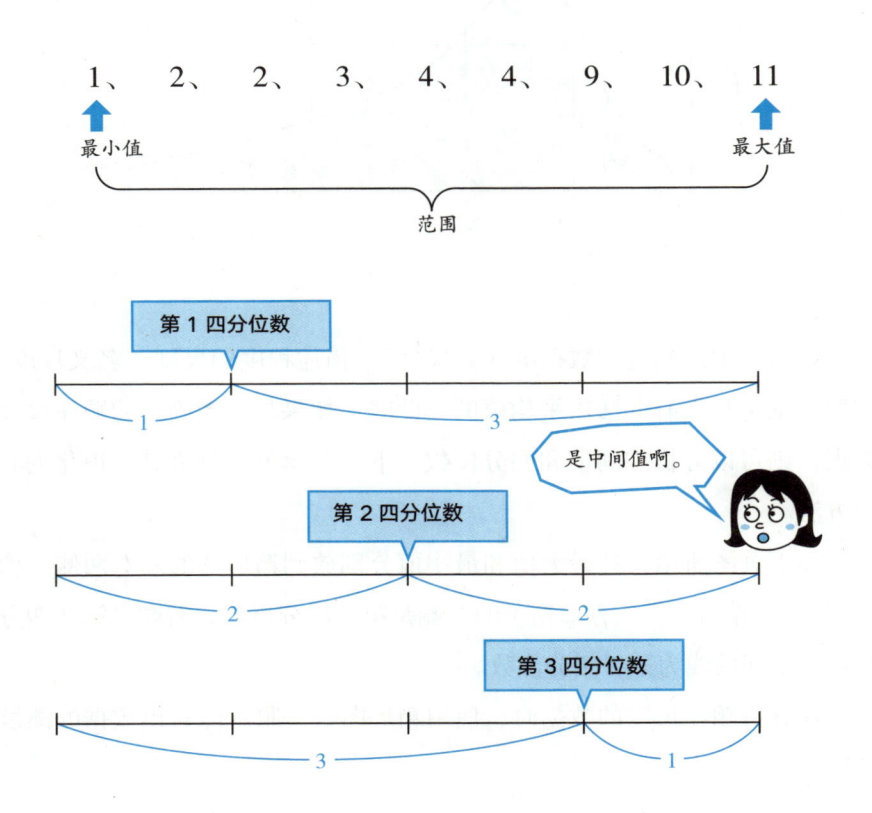

1、 2、 2、 3、 4、 4、 9、 10、 11

最小值　　　　　　　　　　　　　　最大值

范围

第 1 四分位数

1　　　　　　3

是中间值啊。

第 2 四分位数

2　　　　　2

第 3 四分位数

3　　　　　1

接下来我们把数据四等分。这被叫作"四分位数（或四分位点）"。

首先，从数据中最小值到 1/4 位置（25%）处的数据叫作"第 1 四分位数"，2/4 位置处的数据叫作"第 2 四分位数（也就是中间值）"，3/4 位置处的数据叫作"第 3 四分位数"。也就是把所有数据按照 1/4 一组均分。

如下图所示。每 1/4 划分一个区间，是一个比较容易理解的指标。

第 1 四分位数到第 3 四分位数之间的宽度被称作"四分位范围"。这点在第一章中提到过。

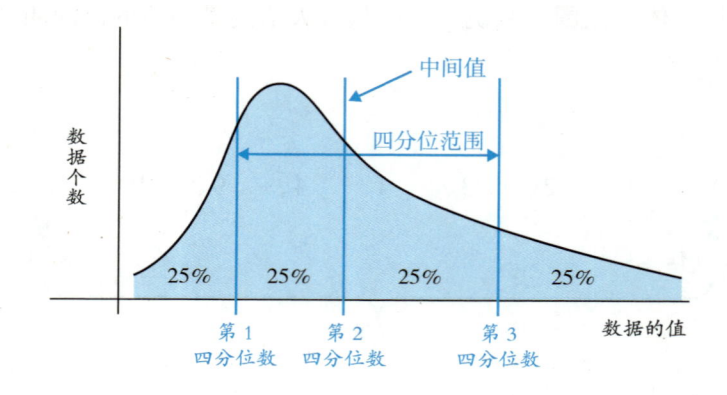

第二章中提到过"数据的 4 类尺度"，描述程度的尺度（名义尺度、顺序尺度）是没有办法求平均值的。此时，如果是范围确定的顺序尺度数据，则可以分析中间值和四分位数。下页的箱形图是将其可视化的有效方法。

如下页图所示，把最大值和最小值分别放到箱形图的左右两侧。像"胡须"一样画出。长方形箱子的左端是第 1 四分位数，右端是第 3 四分位数。中间的线为第 2 四分位数。

在分析顺序尺度的数据时，使用箱形图，一眼就能看出数据的离散情况。

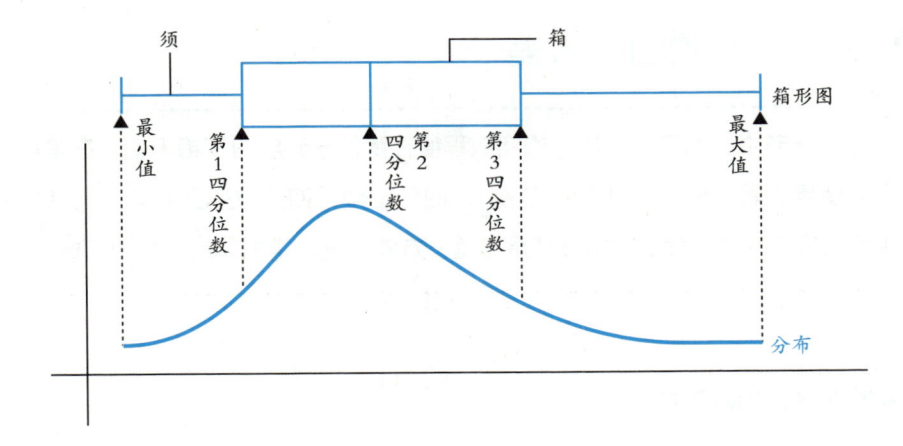

此外如果把数据分组排列,能够更好地进行组与组之间的比较。如果按照时间顺序排列,还能够分析商品价格的升降,以及每天价格波动幅度。

分析股票时使用的K线图和箱形图看上去很像,但是也只是形状相似,K线图中长方形的边缘并非第1四分位数和第3四分位数。因此这两者虽形似,本质却不同。

6　从平均值到方差

上一节中，为了了解数据的离散程度，我们一起学习了箱形图。在箱形图中使用了最大值～最小值（范围）、四分位数（四分位范围）等，而使用平均值来研究离散程度的指标就是方差。方差是统计学中非常重要的指标。

▶ 将所有的偏差加起来？

"方差"是表示离散程度的一个指标。此处只简单介绍方差的基础，下一节中再介绍具体的计算方法。

首先请大家回想上一节刚刚介绍过的三组离散程度不同的数据，即使它们的平均值是相同的，但是从图表中一眼就能看出三组数据的不同。

虽然三组数据的不同"一目了然"，但是通过看图很难说明"到底有多大程度的不同"。而且有些情况仅通过看图，不能够判断哪组数据的离散程度高。

如果这种离散程度能够通过某种"数值"来说明，那将会变得多么具体啊，说服力也会大大提高吧。

考虑到用数值来表示，第一时间想到的就是求出"各数据与平均值之间的差"，然后再把所有的差值相加。

各数据 − 平均值的差叫作"偏差"。表示各数据和平均值相差多少、和平均值之间的距离、偏离程度。

$$偏差 = 各数据 - 平均值$$

每组数据，如果将所有偏差相加（总和），结果用数值表示。然后再通过此数据的大小就应该能表示"数据的离散程度"了吧。

■ 将 10 个数据的"离散程度"用数值表示

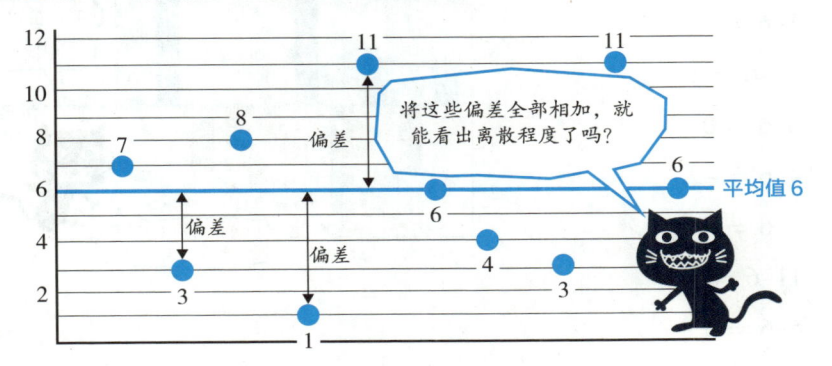

将这些偏差全部相加，就能看出离散程度了吗？

然而很遗憾，这样不行。所有偏差的总和是 0。因为"平均值"本来就是各数据的平均，如果将所有数据与平均值的偏差相加，加减相互抵消最终总和为 0。

▶ "偏差的总和 = 0"是真的吗？

虽然偏差的总和 =0，但肯定有人不会轻易相信上述结果。我们用上面图表中的 10 个数据来验证一下。数据详细如下。

7、3、8、1、11、6、4、3、11、6（合计 10 个），按照如下方式求平均值。

$$平均值 = \frac{7+3+8+1+11+6+4+3+11+6}{10} = 6$$

接下来求各数据的偏差，偏差 = 各数据的值 − 平均值，平均值 = 6。那么：

7−6 = 1
3−6 = −3

第三章 理解平均值与方差

93

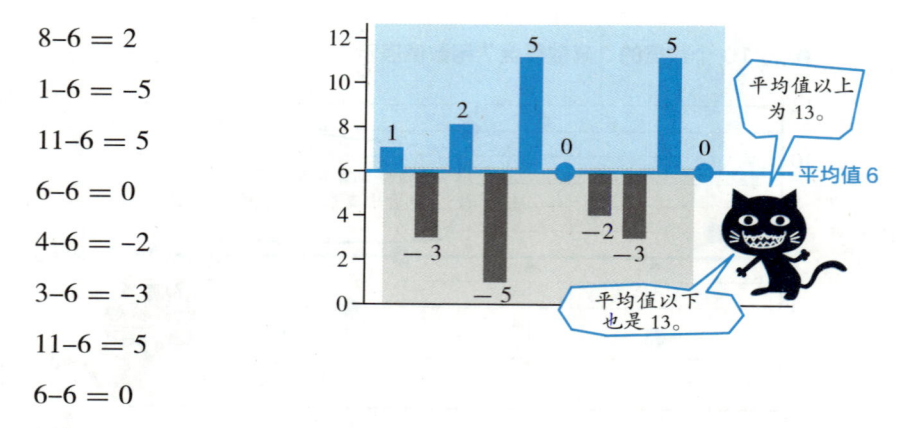

8-6 = 2
1-6 = -5
11-6 = 5
6-6 = 0
4-6 = -2
3-6 = -3
11-6 = 5
6-6 = 0

（偏差的总和）= 1-3+2-5+5+0-2-3+5+0 = 0

由此可见偏差的总和＝0，好不容易想到的将各个偏差加总求和的想法，经验证是行不通的。

▶ "平均偏差"应该可以吧？

将各数据与平均值的差，也就是"偏差"全部相加得到的总和为0，这样没有办法实现目的。但是，肯定还有其他的方法。例如，使用绝对值，会怎样呢？

如上图表所示，如果将平均值上下的正负加总求和结果为0。如果把与平均值之间的差按照"距离（正数）"来考虑，并将其全部相加按道理就不会得0了。

也就是说，将与平均值的差为负数的值，全部取绝对值变为正数，再相加。这样就能得到一个能够很好地描述离散程度的数值指标了。这一指标被称为平均偏差。具体的计算方法如下所示。

$$平均偏差 = \frac{|7-6|+|3-6|+|8-6|+\cdots+|3-6|+|11-6|+|6-6|}{10} = 2.6$$

如果利用平均偏差，最终得数就不是0，计算方法简单，想法也很直接。这里很重要的一点是，"与平均值的差的平均"能够很好地表示和平均值的偏离程度（距离）。这是一个比较好理解的概念。

遗憾的是，在统计学中几乎不使用平均偏差。如果说理由，一般是"因为讨厌取绝对值计算""数学上的处理比较麻烦"等。统计学家说的"在使用正态分布表时，标准偏差（方差）更为适用"也是很重要的原因。

那么让我们来看"标准偏差（方差）"。

▶"求平方后再相加就不会为 0 了"，这一想法就是方差

接下来考虑的是，将偏差值求平方后，再相加，然后除以数据的个数就可以了。这样就不会出现正负相互抵消的情况。

7−6 = 1	→(1)² = 1
3−6 = −3	→(−3)² = 9
8−6 = 2	→(2)² = 4
1−6 = −5	→(−5)² = 25
11−6 = 5	→(5)² = 25
6−6 = 0	→(0)² = 0
4−6 = −2	→(−2)² = 4
3−6 = −3	→(−3)² = 9
11−6 = 5	→(5)² = 25
6−6 = 0	→(0)² = 0

全部变成正数（或 0）。

（各偏差值平方的和）= 1+9+4+25+25+0+4+9+25+0
$$= 102$$

用该数值再除数据个数（此处为 10）得到的值被称作方差，它是描述数据离散程度的指标。

$$方差 = \frac{各偏差平方的和}{数据个数} = \frac{102}{10} = 10.2$$

公式 方差 = $\dfrac{(数据①-平均值)^2+(数据②-平均值)^2+\cdots+(数据n-平均值)^2}{数据个数（n）}$

Σ（西格玛）是什么符号？

在大多数统计学的书中方差公式多为以下所示，其中平均值＝m，各数据＝x_1、x_2、x_3……x_n，数据个数＝n，方差用V表示

$$V = \dfrac{(x_1-m)^2+(x_2-m)^2+(x_3-m)^2+\cdots+(x_n-m)^2}{n}$$

又用 Σ（西格玛）符号表示"所有数相加"，所以上述公式就可以缩写为如下形式。

$$\dfrac{1}{n}\sum_{i=1}^{n}(x_i-m)^2$$

上述这些符号和公式都表达相同的意思。如果公式中出现 Σ（西格玛）符号则表示"Σ（西格玛）之后的 $(x_i-m)^2$ 的计算方式重复 n 次，之后求和"的意思。

本书中基本不会有使用 Σ 符号的计算。

7 用方差计算离散程度

上一节我为大家介绍了用方差来描述数据离散程度的思考方法。本节为大家介绍实际计算的方法。

▶ 习惯使用方差

让我们一起来做方差的计算训练吧。实际计算一次，不仅可以立刻提升我们的信心，还能加深理解。

假设超市 A、超市 B 均卖出 10 个卷心菜。分别称重后得出平均重量是 1200g。其中超市 A 的卷心菜大小比较平均，而超市 B 的卷心菜怎么看都是大小不一。

超市 B 的职员 Y 希望改善此种情况，于是向店长进言说"卷心菜的大小看上去差异较大"，结果店长说"这只是看上去吧"，没有接受 Y 的进言。

于是 Y 就想，不靠感觉，而是用数值来表示差异程度……因此需要计算描述数据离散程度的方差。好了，让我们来一起挑战下计算吧！

超市 A 的卷心菜重量（g）	超市 B 的卷心菜重量（g）
1,202	1,158
1,140	1,350
1,239	1,318
1,181	1,121
1,240	1,202
1,152	1,330
1,228	1,021
1,151	1,081
1,259	1,121
1,208	1,298
1,200	1,200

平均值都是 1,200g……如何用数值来表示离散程度？

卷心菜的平均值

▶图表化 = 可视化

首先将各数据制成如下图表。两个超市售出卷心菜的差异，"用眼"就能看得出。接下来要做的是把这种差异程度用数值来表示，之后就可以向店长进言了。职员 Y 稍微有了些自信。

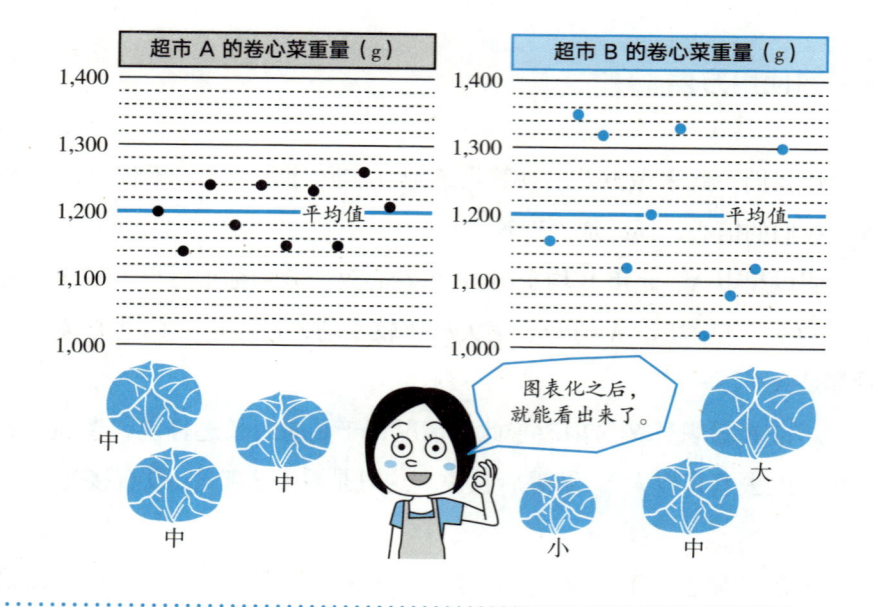

超市 A 的卷心菜重量（g）	超市 B 的卷心菜重量（g）

中　　中　　中　　　　　　　　小　　中　　大

图表化之后，就能看出来了。

如果是我，就会去超市 B 买个头比较大的卷心菜，因为这样更划算。

去早了比较合适，去晚了就只剩下个头比较小的卷心菜了。如果知道这种情况的话，肯定会想：那就不如去超市 A 买普通大小的卷心菜了。也就是说，超市 B 的个头小的卷心菜会剩下，卖不出去。

原来如此，我明白了。那我们就替职员 Y 来计算下超市 A、超市 B 卷心菜的方差吧。方差的计算方法为：

①（各卷心菜的重量－平均重量）^{2}

②将上述所有平方求和

③最后除以"数据个数"，这里是 10

由此，就可以求得方差。

现在就让我们试着计算下吧，由于求平方后数值会比较大，容易出现计算失误，我算错了好多次……

我也来试试，平均值如果是 1,200，则：

（1,202－1,200）^{2} = 2^2 = 4

（1,140－1,200）^{2} = （－60）^{2} = 3,600

（1,239－1,200）^{2} = 39^2 = 1,521

啊，这样就不用在意每一个偏差值是"－"还是"＋"了

是的。因为要求平方，肯定会变成正数（或 0），所以不写（－60）^{2}，写成 60^2 = 3,600 就可以。用大数减小数就行。

那我就接着计算了。

……还没有算完啊。只是计算 10 个数据的方差就这么麻烦，不行了，我放弃了。

我还在想你会在什么时候"放弃呢"……统计学的计算"虽然看着简单，但是算起来很麻烦"。不过也需要一定程度的计算练习，我们才能真正掌握。统计学的计算，类似方差计算，"相减、求平方，相减、求平方……"这种重复的计算比较多，因此

第三章 理解平均值与方差

99

掌握其计算方法后，求助于电脑更加合适[①]。最初我在写统计学的书时，全部都是用计算器一个个计算，常常出错……

嗯，利用 Excel 表格得出如下计算结果。超市 A 卷心菜的方差为 1,612，超市 B 的方差为 12,338。离散程度的差异非常明显了。这样超市 B 职员 Y 的进言能被认可就好了。不过，虽然与平均值的差只有 100g 或 200g，但是方差的数值却变得非常大呢。

	A	B	C	D	E	F
1	平均值	超市 A	偏差的平方		超市 B	偏差的平方
2	1,200	1,202	4		1,158	1,764
3		1,140	3,600		1,350	22,500
4		1,239	1,521		1,318	13,924
5		1,181	361		1,121	6,241
6		1,240	1,600		1,202	4
7		1,152	2,304		1,330	16,900
8		1,228	784		1,021	32,041
9		1,151	2,401		1,081	14,161
10		1,259	3,481		1,121	6,241
11		1,208	64		1,298	9,604
12	合计	12,000	16,120		12,000	123,380
13			1,612			12,338

超市 A 的方差 ← 1,612
超市 B 的方差 ← 12,338

超市 B 的方差数值大于 1 万。没有继续手动计算真是太好了。

---

① 用 Excel 计算方差的顺序和人工计算相同。利用 Excel 求方差时，可以使用其中的函数简单计算。以超市 A 为例，由于 B2～B11 的值是自己输入的，可以通过 "=VAR.P（B2:B11）" 公式来计算，也可以不使用求函数计算。

8 从方差到标准偏差

我们已经学习了用方差来表示离散程度的方法。但是方差有两处比较复杂的地方，一是方差的数值跟最初的偏差相比容易变得非常大，这一点在上一节中已经提到过。那么另一处是什么呢？

▶ 难点 1 ——方差的数据变得特别大

回想一下最初为什么要计算方差，其实是为了"用数值来表示离散程度"。

方差的难点① ——数值太大

	A	B	C	D	E	F	G	H
1	平均值	超市 A	偏差	偏差的平方		超市 B	偏差	偏差的平方
2	1,200	1,202	-2	4		1,158	42	1,764
3		1,140	60	3,600		1,350	-150	22,500
4		1,239	-39	1,521		1,318	-118	13,924
5		1,181	19	361		1,121	79	6,241
6		1,240	-40	1,600		1,202	-2	4
7		1,152	48	2,304		1,330	-130	16,900
8		1,228	-28	784		1,021	179	32,041
9		1,151	49	2,401		1,081	119	14,161
10		1,259	-59	3,481		1,121	79	6,241
11		1,208	-8	64		1,298	-98	9,604
12	合计	12,000		16,120		12,000		123,380
13				1,612				12,338

方差就是"偏差的平方"，因此容易得出大于实际的"差"的数值。超市 A 的卷心菜与平均值的最大差为 60，而从方差来看为 1,612。超市 B 的最大差为 179，而从方差来看为 12,338，是很大的数值。

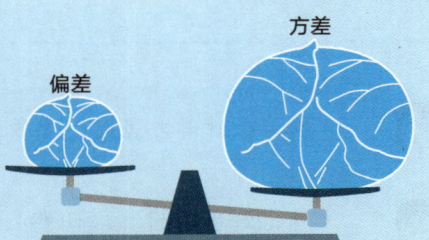

最初的想法是用"各数据－平均值"得到偏差，再求"所有偏差的和"，如此算法正负相抵消得到 0。于是又想到将"偏差求平方"，以此来计算方差。

然而，如上一节的例子所示，方差是"各数据－平均值"，即偏差的平方计算得来，所得数据非常大。

例如，超市 A 的最大偏差也不过 60，但是方差 1,612 约为偏差的 27 倍。

同样，超市 B 的最大偏差为 179，但是方差却变成了 12,338，大约是偏差的 69 倍。

如果将上述结果换个角度考虑，"方差能够让差异更加明显"（优点）也能成立，但是如果和偏差进行比较，就会觉得方差这个数值还是大得有些不协调了。

▶难点 2——方差的单位发生变化

方差的另一大难点是单位发生变化……

前辈，计算方差时，单位发生变化是什么意思呀？

这很好理解呀。最初卷心菜的重量单位是"g"。一颗卷心菜的重量约为 1,200g，偏差是"各卷心菜的重量－平均重量"，所以单位也是"g",但是由于方差是求的平方,所以单位变成了"g²"。
$(1,202g-1,200g)^2 = (2g)^2 = 4g^2$

哦,我都没发现。数值求平方比较好理解,"单位"也相乘啊……

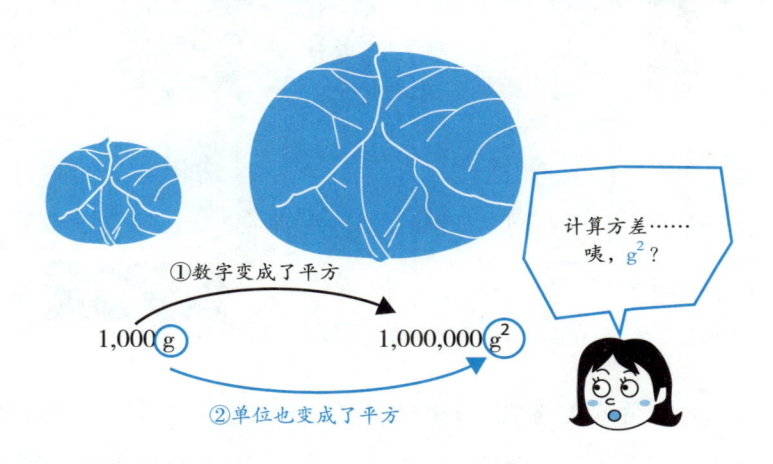

①数字变成了平方

1,000 g   1,000,000 g²

②单位也变成了平方

计算方差……
咦,g²?

确实是"g²",很难理解这个单位的意思。没有什么意义的单位吧。有没有"单位变化了,情况大不同!"的实例呢?

当然有的。比方说研究学校 10 个男学生身高的数据。假设平均身高为 1.7m。10 人身高数据详细如下。

| 1.71 m | 1.68 m | 1.62 m | 1.81 m | 1.71 m |
| 1.67 m | 1.74 m | 1.75 m | 1.68 m | 1.63 m |

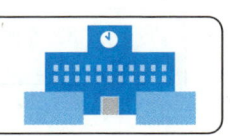

接下来我们计算下这组数据的方差。身高的单位是 m,求平方后单位变为 m²。也就是说,长度竟然变成了面积。

方差的难点② ——单位发生变化

在计算过程中方差变为其平方，变得不同于初始的含义

原始数据=长度 ➡ 方差=面积？

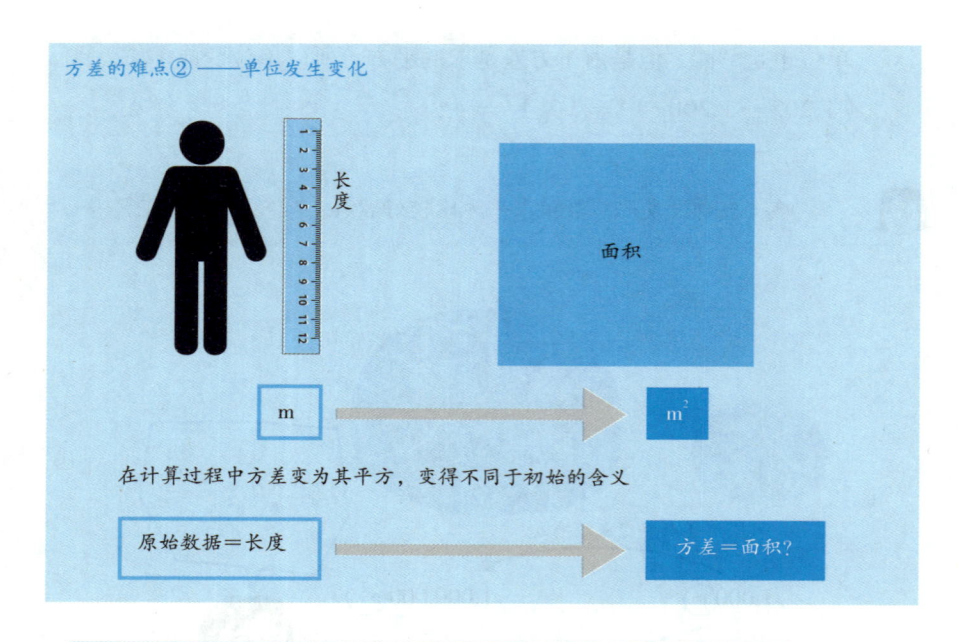

终于有些头绪了。也就是说，如果不在意单位，也可以使用方差，但是①数值会变得非常大，②还需要另外一个将单位还原的指标。

对的。这个指标就是"标准偏差"。方差是求平方得来的数据，反向计算"方差的平方根"即可。也就是说，身高变成面积，然后再变回身高的意思。

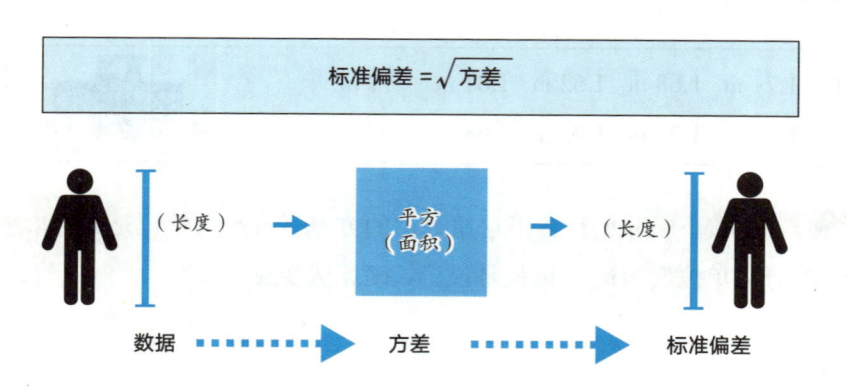

$$标准偏差 = \sqrt{方差}$$

（长度）➡ 平方（面积）➡ （长度）

数据 ⇢ 方差 ⇢ 标准偏差

9 计算标准偏差

我们已经理解了标准差的思考方法及其优点。接下来以下列数据为例，试着进行以下一系列的计算吧。

①平均值 → ②偏差 → ③方差 → ④标准偏差

关于标准偏差的小测验

以下数据为某天 R 面包房面包重量的汇总数据。请根据如下数据计算标准偏差。

354 g　347 g　348 g　352 g　344 g

350 g　351 g　349 g　348 g　347 g

①计算平均值

首先计算面包的平均值。

平均值＝总数 ÷ 个数

＝（354+347+…+348）÷ 10 ＝ 3,490 ÷ 10 ＝ 349 g

平均重量为 349 g，即如果将面包按照下图排列，重心刚好在 349 g 的位置。

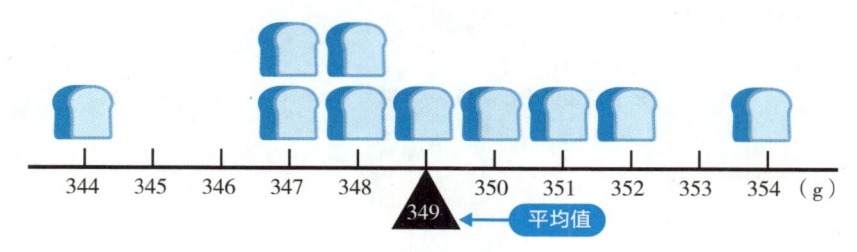

平均值位于数据达到平衡的位置，也就是重心位置。

②想象并思考偏差

偏差是各数据（面包）和平均值（349 g）的差值，如下图所示，从349 g 来看，数据分布在 −5 g ~ +5 g 之间。

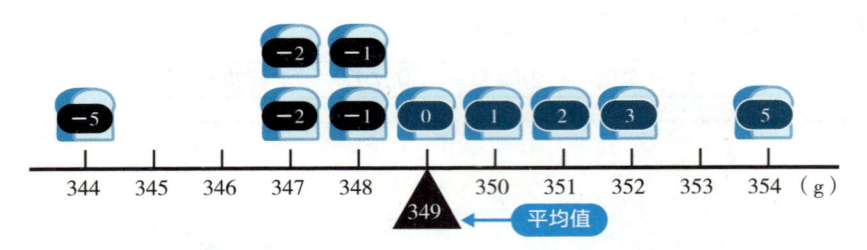

③计算方差、④计算标准偏差

将各偏差（各数据 − 平均值）求平方，然后再求和，除以面包的个数 10 得到 7.4，即方差。为了计算标准偏差还要计算方差的平方根。由此得到 10 个数据的标准偏差为 2.7。

面包的重量（g）	②偏差（①平均值 = 349 g）	偏差的平方
354	354 − 349 = 5	$5^2 = 25$
347	347 − 349 = −2	$(-2)^2 = 4$
348	348 − 349 = −1	$(-1)^2 = 1$
352	352 − 349 = 3	$3^2 = 9$
344	344 − 349 = −5	$(-5)^2 = 25$
350	350 − 349 = 1	$1^2 = 1$
351	351 − 349 = 2	$2^2 = 4$
349	349 − 349 = 0	$0^2 = 0$
348	348 − 349 = −1	$(-1)^2 = 1$
347	347 − 349 = −2	$(-2)^2 = 4$
合计 3,490	0	74

偏差的和为 0 即可

方差 = 偏差的平方之和 ÷ 个数 = 74 ÷ 10 = 7.4

标准偏差 = $\sqrt{方差}$ = $\sqrt{7.4}$ ≈ 2.7

统计学研讨课

☆ 天气预报中所说的"和往年一样"是指平均值还是中间值？

日本的天气预报中经常会出现"明日气温与往年平均气温持平""今年夏天的雨比往年少"之类的表达。这里的往年是指与近 30 年相比。假设现在是 2018 年 1 月 1 日，则往年是指将 1981 年到 2010 年。将 30 年间的气温、降雨量、日照时间的观测值按照由低到高的顺序排列，并划分为 3 组。

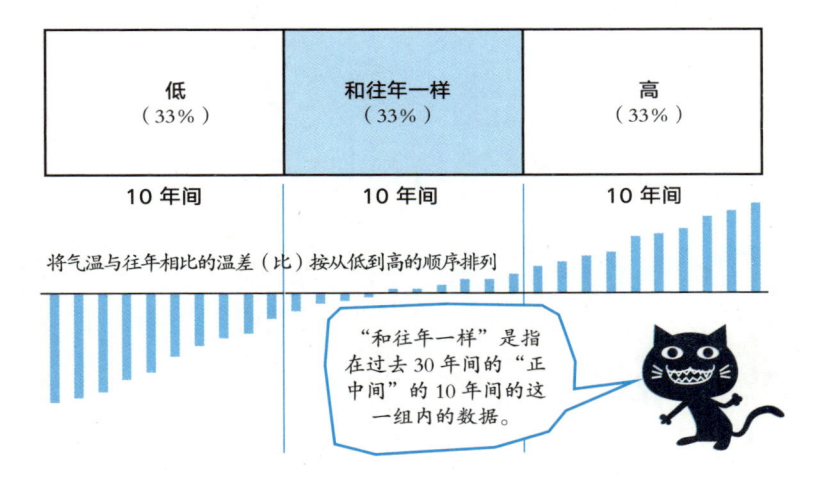

低 （33%）	和往年一样 （33%）	高 （33%）
10 年间	10 年间	10 年间

将气温与往年相比的温差（比）按从低到高的顺序排列

"和往年一样"是指在过去 30 年间的"正中间"的 10 年间的这一组内的数据。

"比往年高（低）"，听上去是在与过去的平均值进行比较，而实际上是利用中间值（这里是指中间位置的集合）来表达的概念。

这个往年值下一次变化是在 2021 年，那时将使用 1991 年到 2020 年 30 年间的数据。因此，2020 年 12 月份用"比往年高"的气温，可能到了 2021 年就会描述成"和往年一样"。在分析数据时，要注意基准变化的点[1]。

---

[1] 举例来说，东京利根川水系的水库储水量，分为 7 月到 9 月的洪水期和 10 月到次年 6 月的非洪水期。即使是同一个水库，它的储水量因时期不同而不同。以利根川水系为例，如果是在 6 月 30 日（非洪水期）3 亿立方米的储水量会用储水率"65.0%"来表示，如果是次年的 7 月 1 日（洪水期）同样的水量，则会用储水率"87.3%"来表示。这单纯是因为改变基准引起的，并非下了一夜大雨导致水量上涨。

第四章

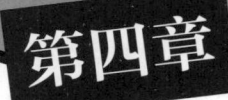

亲身感受正态分布

正态分布这个术语听起来有些晦涩难懂，实际上，它的英语是 Normal Distribution，意思是"日常多见的、普通的分布"。比如有很多成熟的苹果，测量这些苹果的重量，位于平均重量附近的数据最多，而以平均重量为中心，比平均重量更重的苹果和更轻的苹果的数量则逐渐减少，形成一条平滑的曲线。这就是正态分布。本章将利用正态分布，实现"对不同组的数据进行比较"的目的。

1 用数据制作频数分布表

要想将数据转化为正态分布曲线,需要制作直方图,这涉及"数据的可视化"处理。具体步骤是"数据→频数分布表→直方图",大致了解这一流程,有助于我们理解正态分布。

制作正态分布曲线的第一步就是制作直方图。下图是按照**获取数据→制成频数分布表→制成直方图**的顺序进行介绍的。让我们先学习"用数据制作频数分布表"之前的内容吧。

■ 数据→频数分布表→直方图

①数据

比起已经过处理的二手数据,最好使用一手数据。比如,官方机构发布的公开数据、本公司的销售数据、独立调查问卷数据等。

②频数分布表

以原始数据为基础,制作出最大值·最小值(范围),根据图表宽度(组段)及其频数(频率)完成"频数分布表"。

③直方图

根据频数分布表制作直方图,分布情况一目了然。

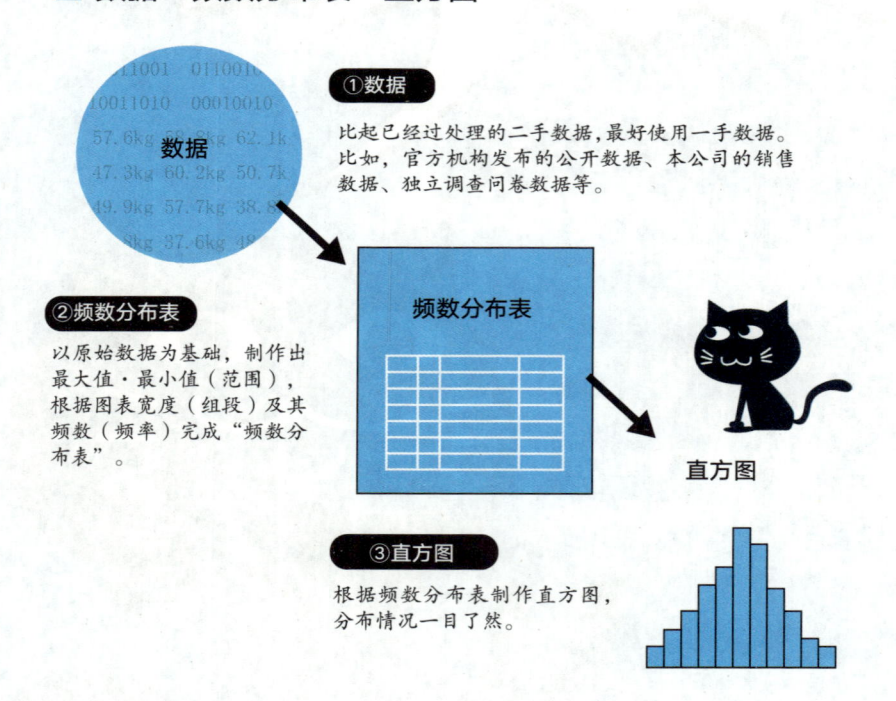

▶ 如何将数据分组？

为了将数据图表化（制成直方图），首先要制作频数分布表。如下所示。

频数分布表（样表）

组段（组）	组段值（组段中心值）	画记（核对）	频数	累计频数
0～9	5	正	4	4
10～19	15	正 一	6	10
20～29	25	正 正 一	11	21
30～39	35	正 正 下	13	34
40～49	45	正 正 一	11	45
50～59	55	正 丅	7	52
60～69	65	丅	2	54

区分数据

观察频数分布表（样表），会发现数据在最左侧被分为几类。这就是"组段"（也叫作"组"）。在数据量较少的情况下，如果分组太多，会使得各组范围内容纳的数据量变少，不易于观察。

如下表所示，本次列举的数据量在80个，那么将其分成6～10组是比较合适的。

	A	B	C	D	E	F	G	H
1	59.2	68.1	71.3	58.7	59.1	59.2	57.8	70.4
2	60.5	56.3	66.7	68.4	60.9	61.5	58.1	63.2
3	55	57.2	67.3	69.9	75.0	58.1	63.4	61.4
4	60.4	64.4	60.9	66.2	62.1	59.9	60.5	62.2
5	61.3	59.6	71.2	66.8	65.9	69.3	73.2	58.8
6	55.7	66.7	65.5	62.8	61.3	61.2	62.3	59.6
7	56.3	61.2	66.1	63.4	65.8	64.9	67.2	65.4
8	65.5	62.3	67.2	68.4	66.6	68.2	65.9	63.2
9	61.4	63.9	70.3	64.9	67.2	68.3	64.2	64.4
10	64.2	64.9	62.1	69.4	66.7	64.1	69.9	64.2

如果不想要 6~10 这种粗略的数字，是否有能更加准确获得分组数的方法呢？有的，这时请用斯特吉斯（Sturges）公式[1]计算组段数（分组数）。

▶ **分组的步骤**

那么，让我们来为数据分组。步骤如下：

①找到数据中的最大值和最小值（以了解大致的范围）

②以这一范围（最大值–最小值）、数据量为基础，将数据分为 6~10 组左右（若按照史特吉斯公式计算则为 6~7 组）

用肉眼去寻找 80 个数据中的最大值、最小值等信息是出错的根源所在。在这里需要使用 Excel 的基本函数。

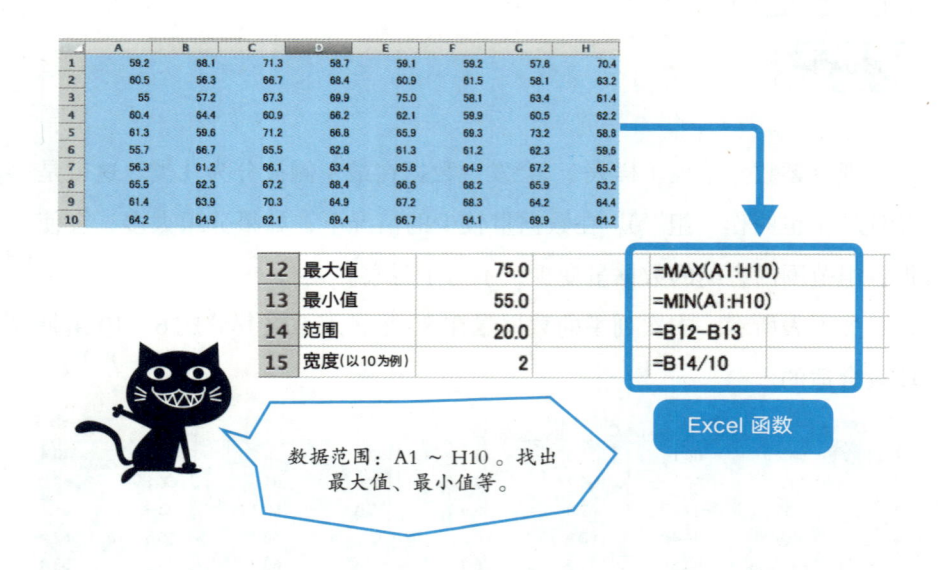

	A	B	C	D	E	F	G	H
1	59.2	68.1	71.3	58.7	59.1	59.2	57.8	70.4
2	60.5	56.3	66.7	68.4	60.9	61.5	58.1	63.2
3	55	57.2	67.3	69.9	75.0	58.1	63.4	61.4
4	60.4	64.4	60.9	56.2	62.1	59.9	60.5	62.2
5	61.3	59.6	71.2	66.8	65.9	69.3	73.2	58.8
6	55.7	66.7	65.5	62.8	61.3	61.2	62.3	59.6
7	56.3	61.2	66.1	63.4	65.8	64.9	67.2	65.4
8	65.5	62.3	67.2	68.4	66.5	68.2	65.9	63.2
9	61.4	63.9	70.3	64.9	67.2	68.3	64.2	64.4
10	64.2	64.9	62.1	69.4	66.7	64.1	69.9	64.2

12	最大值	75.0	=MAX(A1:H10)
13	最小值	55.0	=MIN(A1:H10)
14	范围	20.0	=B12-B13
15	宽度（以10为例）	2	=B14/10

Excel 函数

数据范围：A1~H10。找出最大值、最小值等。

---

[1] 斯特吉斯公式，即将样本数记作 n，组数记作 K，用 $K = \log_2 n$ 来表示其两者关系。在上述情况下，将样本数 80 作为 n，则计算得出 K=6.32，故而可将其分为 6 或 7 组。在 Excel 中，也可用"=LOG（80,2）"计算得出结果。

这样我们就得到了最大值＝75.0、最小值＝55.0、范围＝20，如果分为10组，组距就是2。因此我们可以明白，将组分为55.0~57.0、57.0~59.0……73.0~75.0就可以了。

频数分布表样表（111页）左数第二列的"组段值"就是这一组中位于正中的数值。例如在57.0~59.0之间存在多个数据，则用最中间的数值（在此情况下是58.0）代表这一区间的数据。假如这一区间内有30个数据，只要使用"组段值"，不需要将这一区间内所有的数据相加，就能大致求得 30×58.0＝1,740 这一结果。

▶ **完成频数分布表**

在111页频数分布表（样表）的正中间，有一列"画记（核对）"。

这是标记在此组（区间）内有多少数据的一栏。作者也曾在回收问卷之后一边画"正"字，一边汇总数据。虽然是很原始的方法，但只要不是非常庞大的数据，就能够简便地操作。这一方法常被称作画记法（或画线法）。

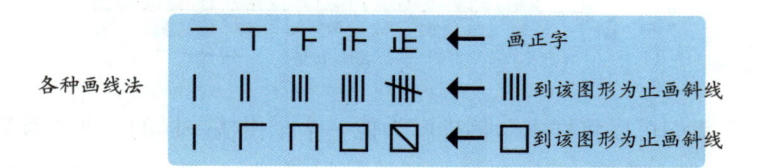

其右侧的"频数"，就是将标记的"正"字转换成的数值。由此可得每组的数据量，其右侧的"累计频数"就是该组段前已标记"正"字的数值的总和。请务必在最后确认是否出现"累计频数＝数据量"的情况或是出现了核对的遗漏。

按照以上步骤，基于111页的80个数据，完成了频数分布表（见下页）。

我们发现完成的这份频数分布表和样表之间存在着微妙的差别。

其不同正在于"组"。在 111 页的样表中,"0~9""10~19"这样的组间数值并不相连。但下图中的频数分布表则是按照"55.0~57.0""57.0~59.0"这样连续的数值制成的。

■ 完成的频数分布表——80 名职员的体重

组段（组）	组段值（组段中心值）	画记（核对）	频数	累计频数
55.0~57.0	56.0	正	4	4
57.0~59.0	58.0	正一	6	10
59.0~61.0	60.0	正正一	11	21
61.0~63.0	62.0	正正下	13	34
63.0~65.0	64.0	正正正	14	48
65.0~67.0	66.0	正正下	13	61
67.0~69.0	68.0	正正	9	70
69.0~71.0	70.0	正一	6	76
71.0~73.0	72.0	丁	2	78
73.0~75.0	74.0	丁	2	80

组段与组段间的数值是连续的。

■ 根据频数分布表制作的直方图

我们可以将样本示例理解为像一个个柑橘一样的"非连续数据",而将制成的频数分布表理解为"连续数据"①。实际上,我们制作的频数分布表是"80 名职员的体重数据"。像这样处理连续数值的情况,在分组画线时,需要事先确定好处于分界线上的数据应被归为哪一组(例如"高于 55.0,不足 57.0")。

---

① 我们虽然将身高、体重等按照"连续数值"处理,但实际上,像 170 cm、60 kg 这样可以被测为整数值的情况较多,故而我们也可以将其当作"非连续数值"。与此相反,虽然在算术中将"得分 60 分"看作每 1 分都隔开的"非连续数值",但因其能力的变化是连续的,故而也可以将其当作"连续数值"。

■根据频数计算相对频数

组段（组）	组段值（组段中心值）	画记（核对）	频数	累计频数
0～10	5	正	4	4
10～20	15	正		
20～30	25	正		
30～40	35	正		
40～50	45	正		
50～60	55	正		
60～70	65	丅		

■非连续数据的频数分布表

组段（组）	组段值（组段中心值）	画记（核对）	频数	累计频数
0～9	5	正	4	4
10～19	15	正一	6	10
20～29	25	正正	11	21
30～39	35	正正丅	13	34
40～49	45	正正一	11	45
50～59	55	正丅	7	52
60～69	65	丅	2	54

组段划分方法不同

原来如此啊。柑橘的话，9个之后是10个，但重量就不是这样了。

根据频数分布表中的频数求出相对频数，我们可以进一步得知其在总体（80名职员）中所占的比例。

■根据频数计算相对频数

组段（组）	组段值（组段中心值）	画记（核对）	频数	相对频数
55.0～57.0	56.0	正	4	0.05
57.0～59.0	58.0	正一	6	0.075
59.0～61.0	60.0	正正一	11	0.1375
61.0～63.0	62.0	正正丅	13	0.1625
63.0～65.0	64.0	正正正	14	0.175
65.0～67.0	66.0	正正丅	13	0.1625
67.0～69.0	68.0	正正	9	0.1125
69.0～71.0	70.0	正	6	0.075
71.0～73.0	72.0	丅	2	0.025
73.0～75.0	74.0	丅	2	0.025

第四章 亲身感受正态分布

2 如果发现了双峰型直方图……

在直方图阶段，可以进行许多预测。大家能从以下三幅直方图中获得什么信息呢？特别是在遇到③的双峰型直方图时，或许需要重新检查一下原始数据。

① 山型（吊钟型）

体重、身高等，在多个"连续数据"类型中常见的模式。山（峰）只有一个，因而称为单峰型。

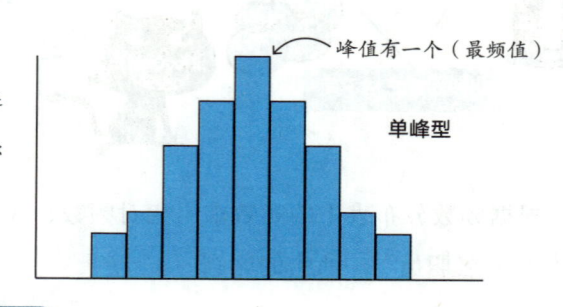

峰值有一个（最频值）

单峰型

② 指数型

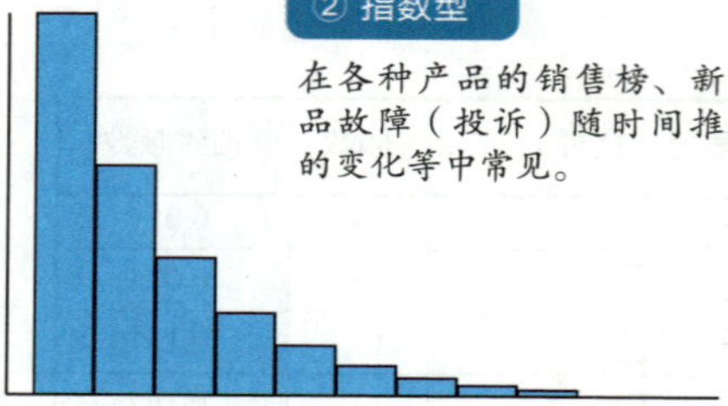

在各种产品的销售榜、新产品故障（投诉）随时间推移的变化等中常见。

③ 双峰型

与只有一个山（峰）的单峰型相对应，右图有两个山峰的属于双峰型。如果出现双峰型，则需要重新检查原始数据。
如果直接按照这个结果进行分析，基本没有效果。这是为什么？

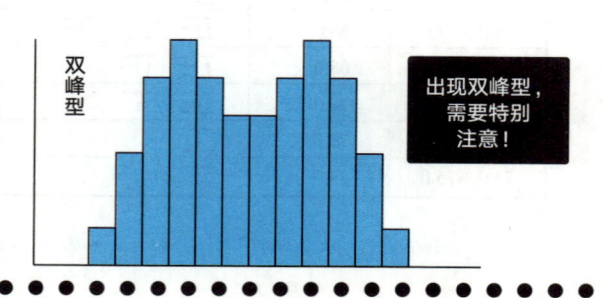

双峰型

出现双峰型，
需要特别
注意！

出现了双峰型直方图……

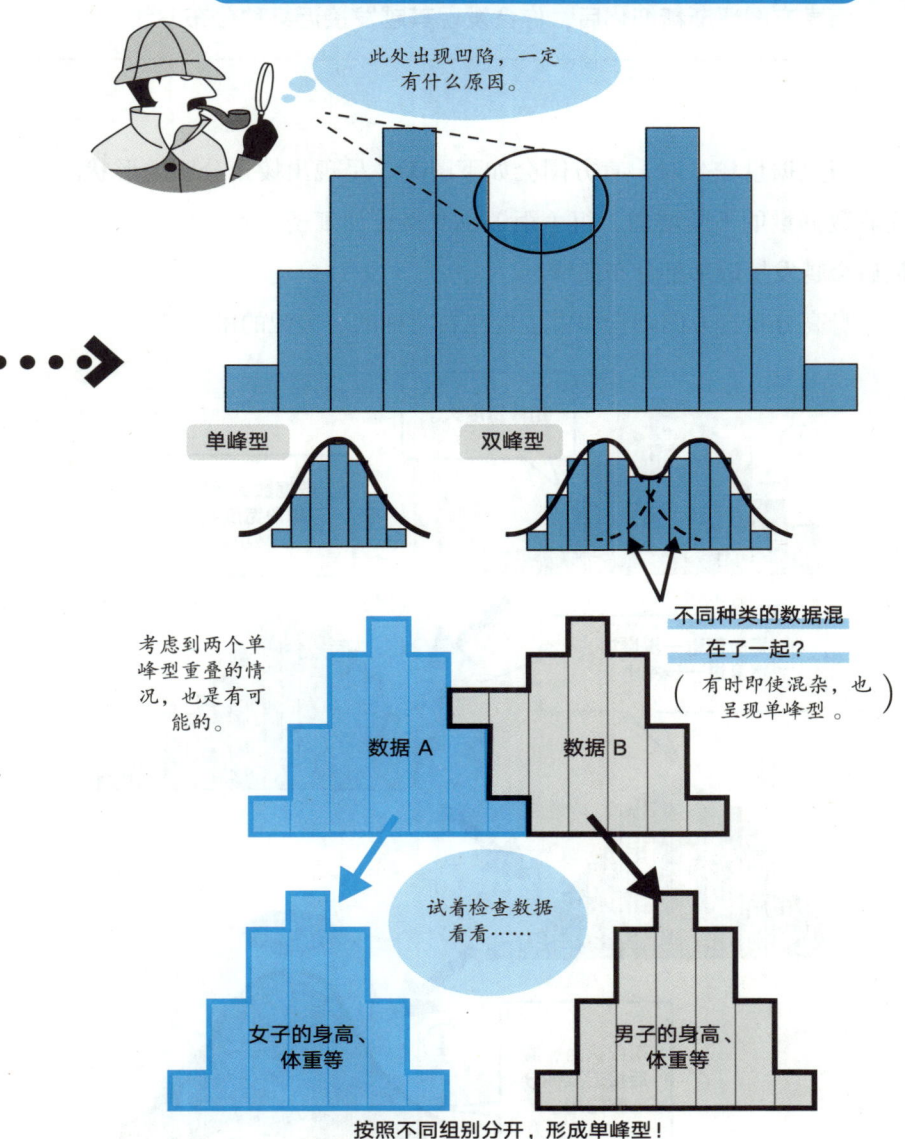

此处出现凹陷，一定有什么原因。

单峰型　　双峰型

不同种类的数据混在了一起？

（有时即使混杂，也呈现单峰型。）

考虑到两个单峰型重叠的情况，也是有可能的。

数据 A　　数据 B

试着检查数据看看……

女子的身高、体重等　　男子的身高、体重等

按照不同组别分开，形成单峰型！

（入学考试的数学成绩也会出现双峰型。可能是因为有两个小组：会做困难问题的小组和只会做简单问题的小组。）

第四章　亲身感受正态分布

3 从直方图到分布曲线

将直方图逐渐精细化后，你会发现其越发接近某种分布曲线。

当数据量较少时，直方图会如下图①，呈现出棱角分明的形状。但随着数据量的不断增加，组（距）也变得更加细密，我们可以预测到它最后会越发接近某种分布曲线。

身高分布直方图则会非常接近左右对称的、美观的吊钟型。

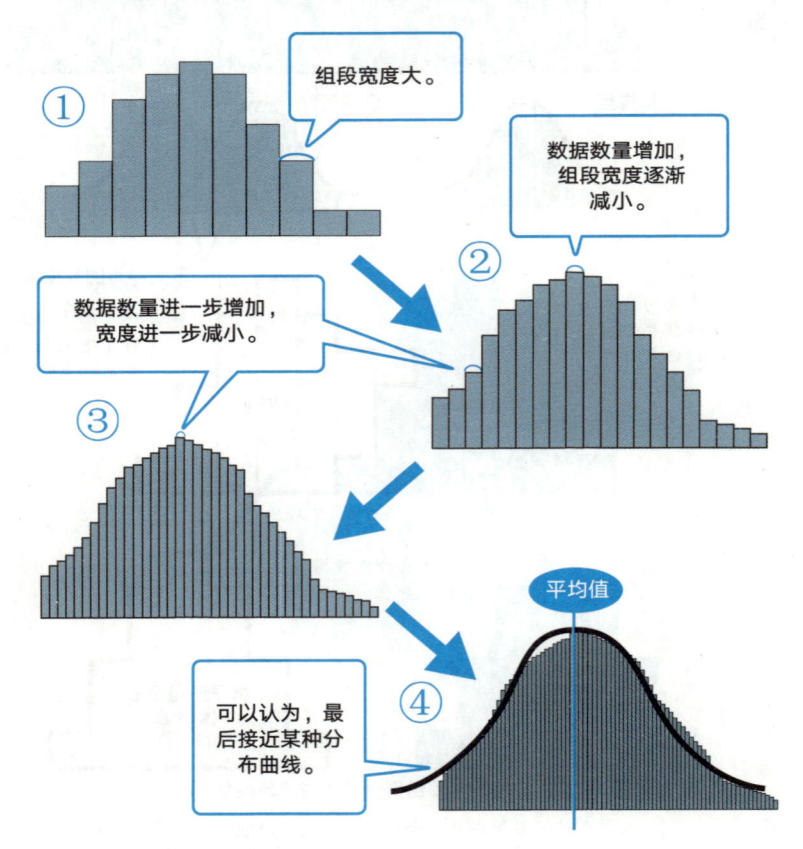

① 组段宽度大。

② 数据数量增加，组段宽度逐渐减小。

③ 数据数量进一步增加，宽度进一步减小。

④ 可以认为，最后接近某种分布曲线。

平均值

我们将之称为正态分布。正态分布曲线的中心是平均值，其附近聚集着很多数据。在这些数据逐步远离平均值的同时，被计量的数据量也在不断减少。我们认为，除了身高、体重呈正态分布，测定值的误差等同样遵循正态分布的规律。

正态分布有无数种形态。但是模型仍然仅由平均值和标准偏差这两个数值决定。

此外，无论是怎样的正态分布，在距离平均值有 ±1 的标准偏差（±σ）范围内，集中着约占全体 68%（68.26%）的数据。

实际上，在正态分布中，"距离平均值多远"决定了其中包含的数据的比例（概率）。而且用标准偏差来表示这个距离的单位。

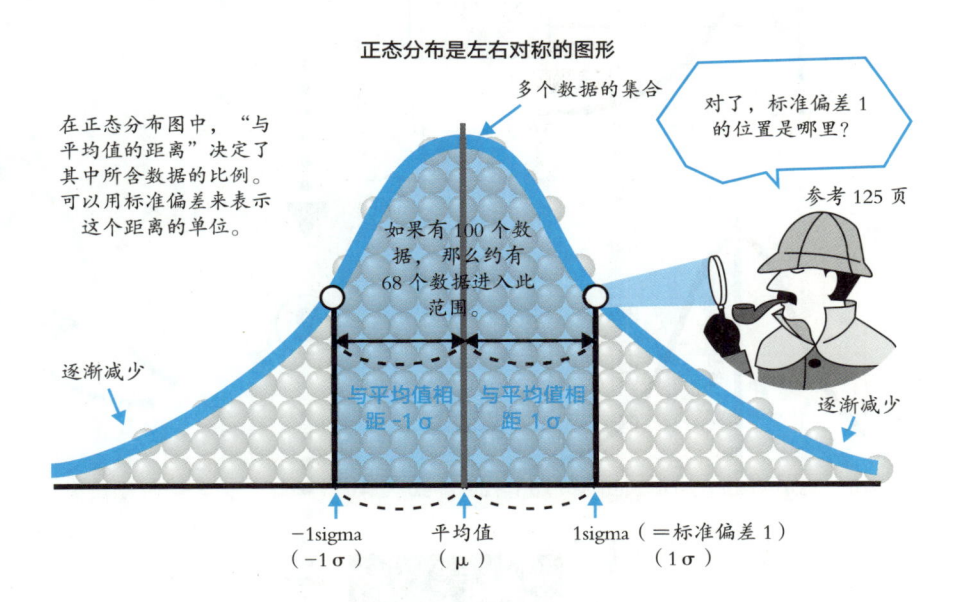

正态分布是左右对称的图形

多个数据的集合

对了，标准偏差 1 的位置是哪里？

参考 125 页

在正态分布图中，"与平均值的距离"决定了其中所含数据的比例。可以用标准偏差来表示这个距离的单位。

如果有 100 个数据，那么约有 68 个数据进入此范围

逐渐减少

与平均值相距 -1σ　与平均值相距 1σ

逐渐减少

−1sigma　　平均值　　1sigma（＝标准偏差 1）
（−1σ）　　（μ）　　　（1σ）

4 让正态分布动起来（1）——尝试改变平均值

正态分布虽有无数种形态，但仍由平均值和标准偏差这两个数值决定。首先让我们尝试一下改变平均值吧。

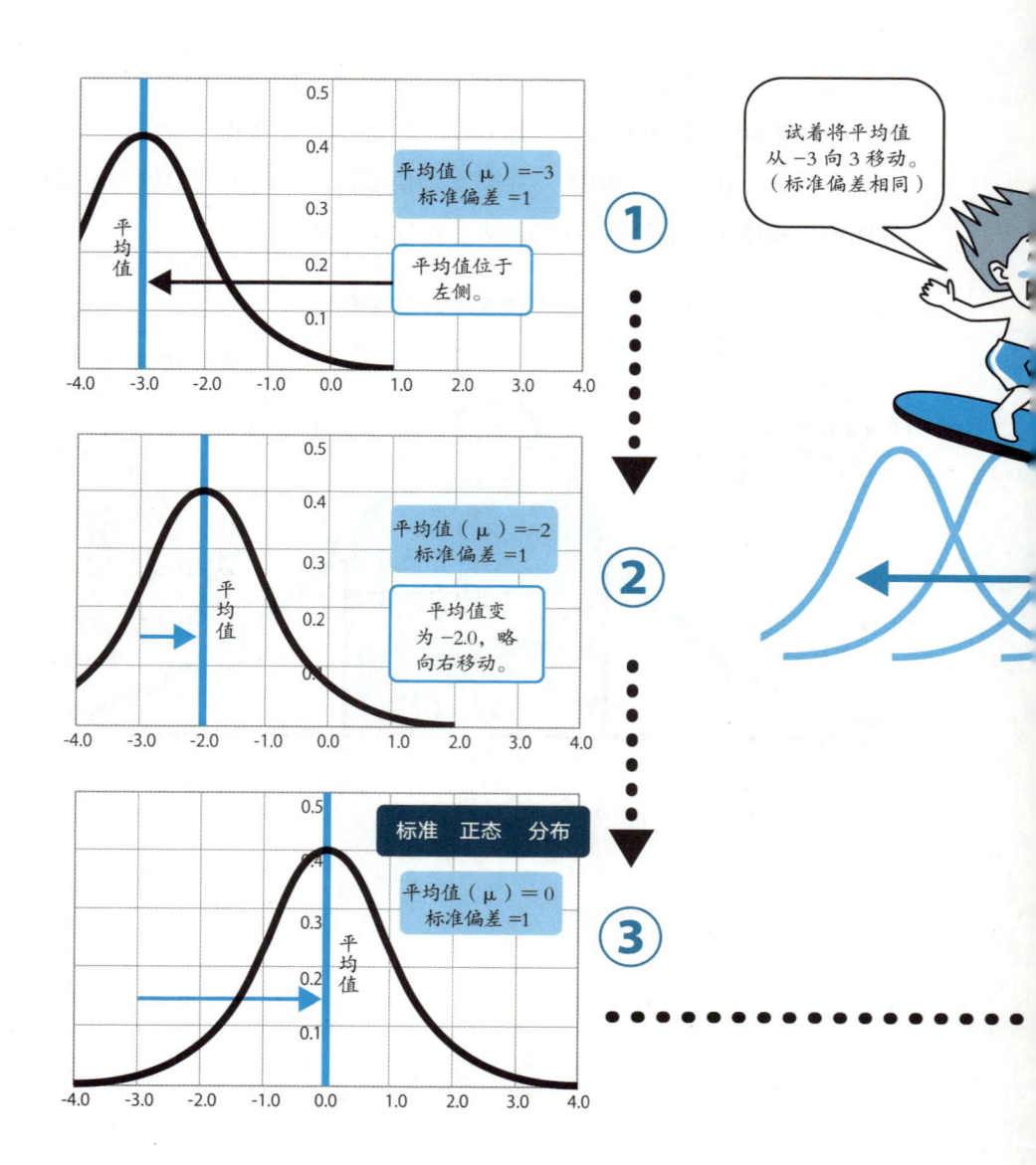

平均值（μ）=-3
标准偏差 =1

平均值位于左侧。

①

平均值（μ）=-2
标准偏差 =1

平均值变为 -2.0，略向右移动。

②

试着将平均值从 -3 向 3 移动。（标准偏差相同）

标准 正态 分布

平均值（μ）= 0
标准偏差 =1

③

正态分布是左右对称的、富有美感的图形，平均值恰好位于正态分布的中心位置，如果改变平均值（不改变标准偏差），正态分布的中心轴也会发生改变。简而言之，改变平均值就会使得"正态分布左右移动"。此外，我们将平均值＝0，标准偏差＝1的正态分布称为标准正态分布。

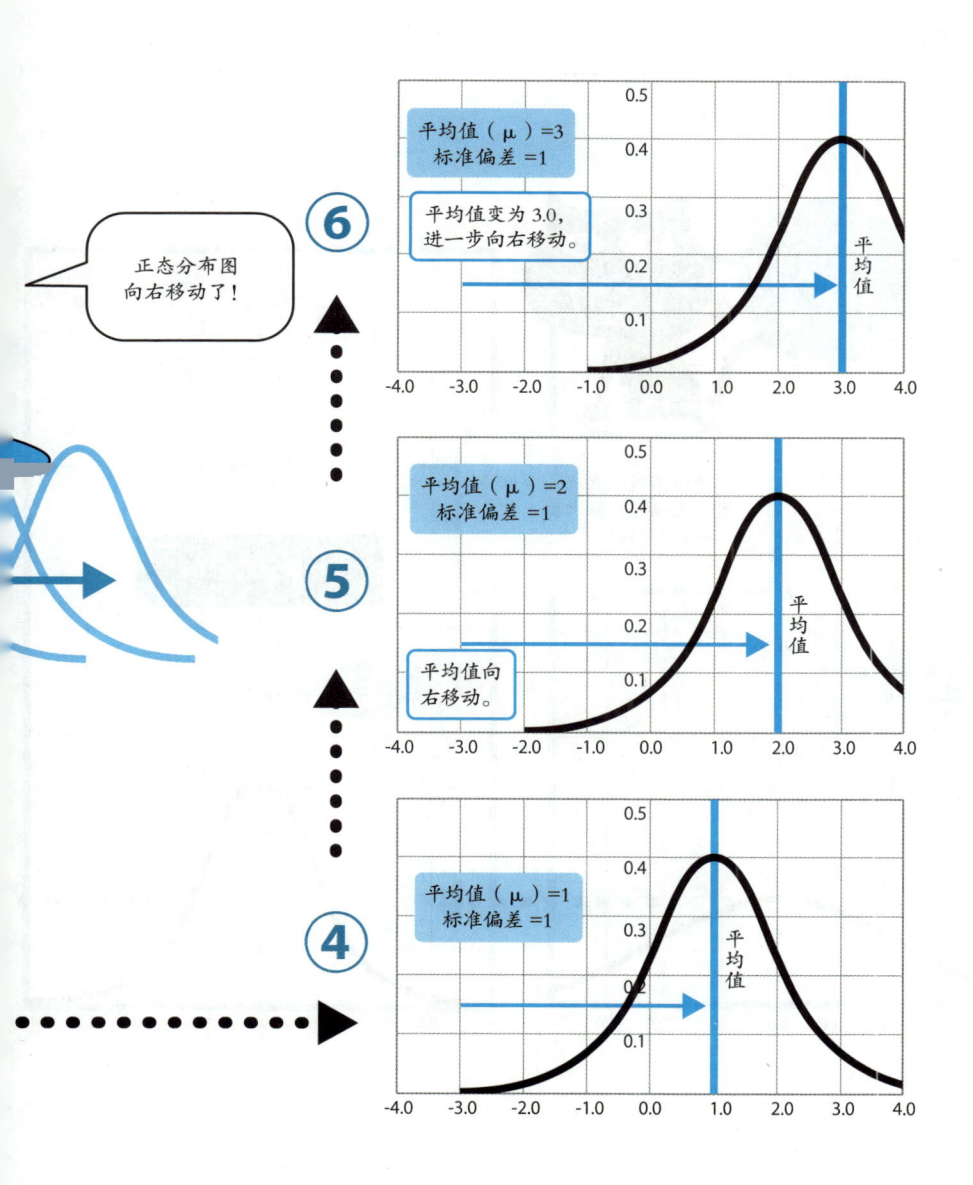

⑥ 平均值（μ）=3　标准偏差=1
平均值变为3.0，进一步向右移动。

正态分布图向右移动了！

⑤ 平均值（μ）=2　标准偏差=1
平均值向右移动。

④ 平均值（μ）=1　标准偏差=1

第四章　亲身感受正态分布

5 让正态分布动起来（2）——尝试改变标准偏差

在上一节中，通过改变平均值，我们得出了正态分布"虽然形状不变，但会左右移动"这一结论。在标准偏差（或偏差）值发生改变的情况下（平均值不变），其形状会变得时而尖锐时而平滑，外观会发生很大的变化。

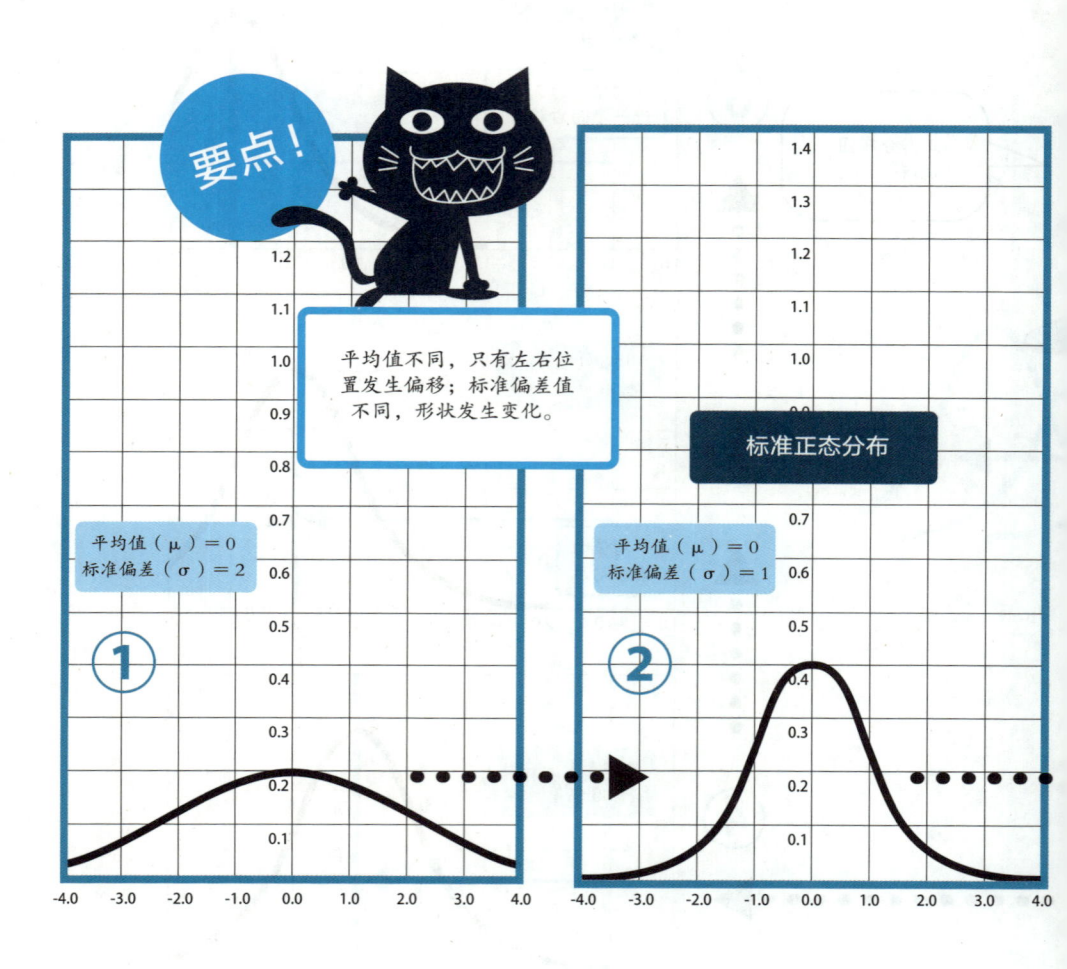

要点！

平均值不同，只有左右位置发生偏移；标准偏差值不同，形状发生变化。

标准正态分布

① 平均值（μ）= 0
标准偏差（σ）= 2

② 平均值（μ）= 0
标准偏差（σ）= 1

如上页图①所示，在标准偏差值较大时，正态分布曲线呈现出扁平和缓的形态。与此相反，随着标准偏差按照①→②→③→④的顺序不断变小，正态分布曲线的形状也逐渐变得尖锐。因为平均值是相同的，所以中心并不会发生变化。

形状发生这么大变化，看起来好像是完全不同的曲线，但实际上只是曲线被横向或纵向拉伸而已，基本上还是同一条曲线。此外，如前所述，我们将平均值＝0、标准偏差＝1的正态分布称作标准正态分布（如上页图②）。

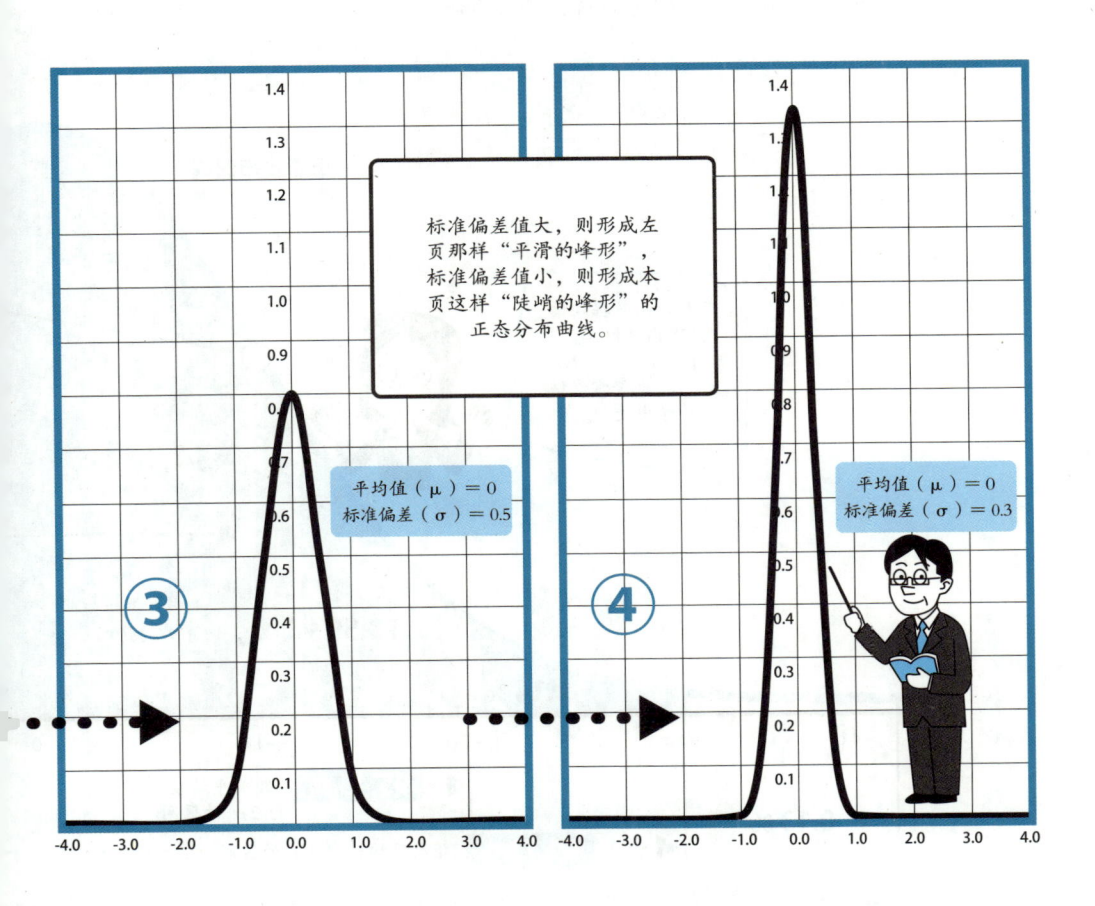

标准偏差值大，则形成左页那样"平滑的峰形"，标准偏差值小，则形成本页这样"陡峭的峰形"的正态分布曲线。

③ 平均值（μ）＝0　标准偏差（σ）＝0.5

④ 平均值（μ）＝0　标准偏差（σ）＝0.3

6 通过正态分布看概率

在前文中我们提到"无论是怎样的正态分布,只要距离平均值的标准偏差在 ±1 范围内,其所占的数据的比例就是 68%"。那么在 ±2σ 和 ±3σ 的时候呢?

正态分布是以平均值为中心轴,向左右两侧递减曲线。并且距离 −1σ 到 1σ 的范围内,面积是总体的 68.26%。

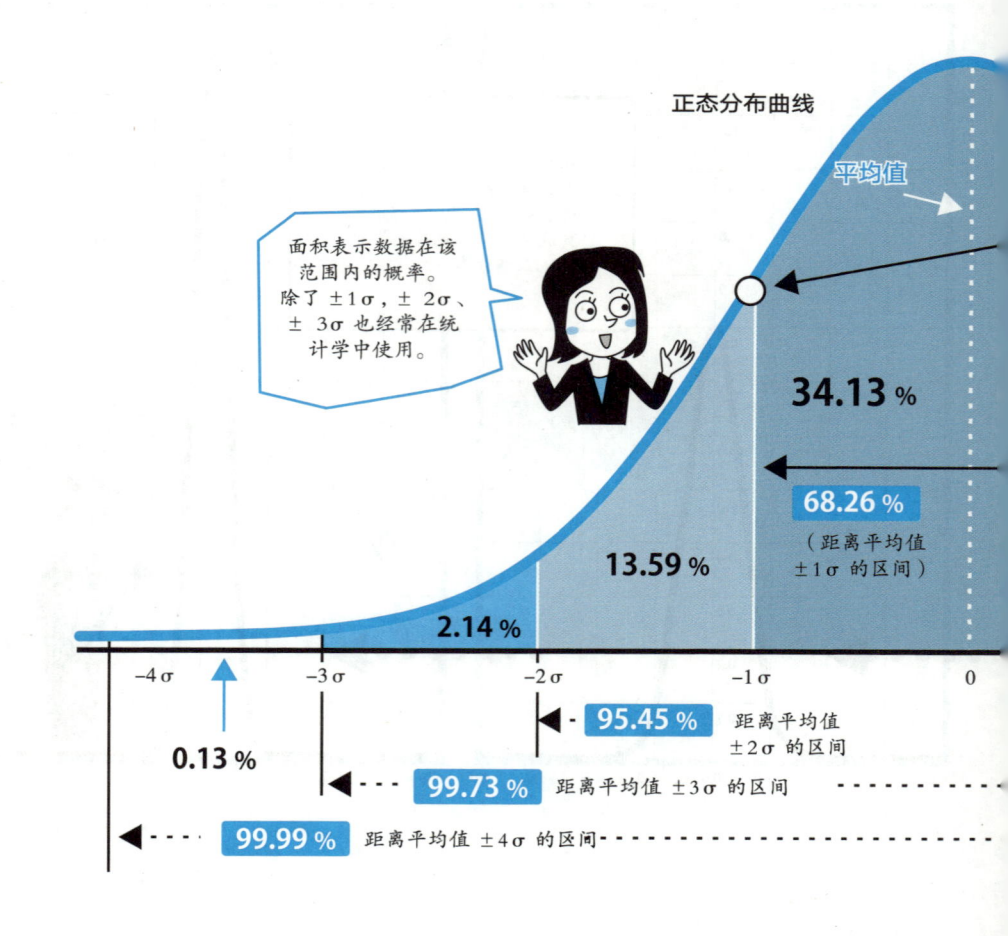

正态分布曲线

平均值

面积表示数据在该范围内的概率。除了 ±1σ,±2σ、±3σ 也经常在统计学中使用。

34.13 %

68.26 %
(距离平均值 ±1σ 的区间)

13.59 %

2.14 %

−4σ −3σ −2σ −1σ 0

0.13 %

95.45 % 距离平均值 ±2σ 的区间

99.73 % 距离平均值 ±3σ 的区间

99.99 % 距离平均值 ±4σ 的区间

这一规律适用于所有形状的正态分布。进一步我们可以认为 ±2σ、±3σ……仍然符合这一规律。

①平均值为 ±1σ……包含此范围内 68.26% 的数据。
②平均值为 ±2σ……包含此范围内 95.45% 的数据。
③平均值为 ±3σ……包含此范围内 99.73% 的数据。

▶ **表示数据包含在此范围内的概率**

归根结底，在正态分布曲线中，"平均值 ± 标准偏差"之间的范围表示"某数据被包含在此范围内的概率"。

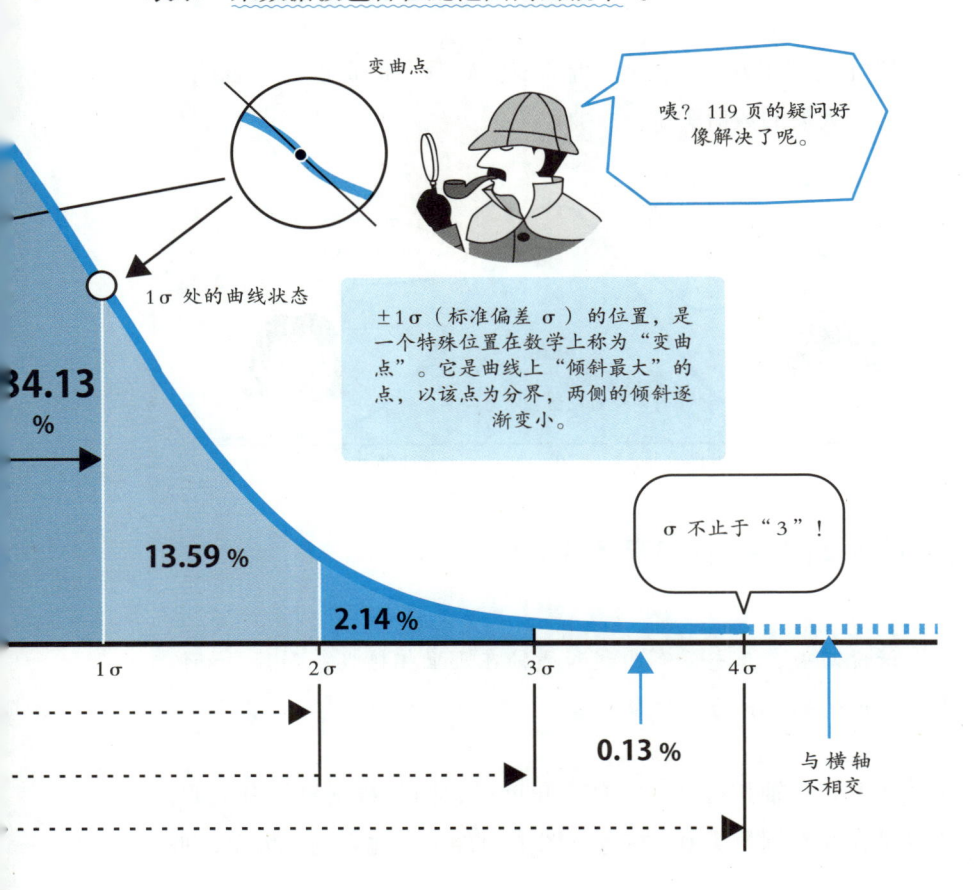

变曲点

咦？119 页的疑问好像解决了呢。

1σ 处的曲线状态

±1σ（标准偏差 σ）的位置，是一个特殊位置在数学上称为"变曲点"。它是曲线上"倾斜最大"的点，以该点为分界，两侧的倾斜逐渐变小。

34.13 %

13.59 %

2.14 %

σ 不止于"3"！

1σ   2σ   3σ   4σ

0.13 %

与横轴不相交

虽然好像能理解正态分布里的面积表示概率，但是对于 2σ、3σ 还是不太懂。而且像 95.45% 这样，还出现了零头。

是啊。因此，并不是优先使用 σ，而是更多地使用 95%、99% 这样的整数。这种方法更适合我们。
此时，会出现如下情况：
95% = 1.96σ
99% = 2.58σ

啊，正好。原来 95%、99% 并非数学上的证明，而是适应人们需求的结果啊。

说什么"正好"，让别人听了多不好啊。但是，95% 也确实只是一个大概的数值罢了。

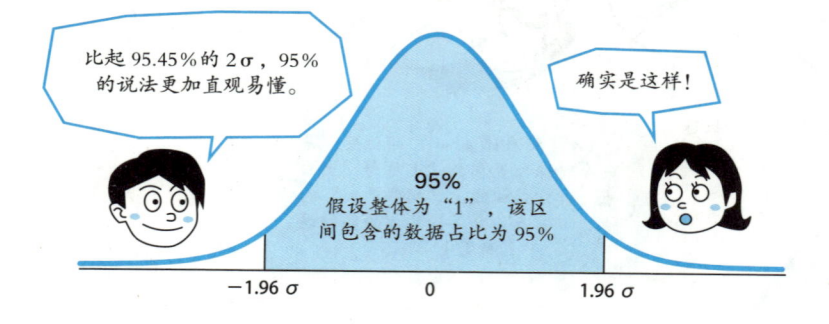

比起 95.45% 的 2σ，95% 的说法更加直观易懂。

确实是这样！

95%
假设整体为"1"，该区间包含的数据占比为 95%

-1.96σ　　0　　1.96σ

▶获得诺贝尔奖的决定性因素是 6σ？

话说回来，正态分布曲线和横轴在哪里相接呢？而且我好像也只听说过到 3σ 为止的事……

并不和横轴相接哦。从现实角度讲，因为数据量是有限的，所以是存在数据量为 0（在直方图中相接）的地方的。但是，如果我们假设"正态分布处理的是无数个数据"的话,那么在理论上,正态分布曲线并不会与横轴相接,两者只是永远地靠近。所以,在 3σ 之后还会有 4σ、5σ……

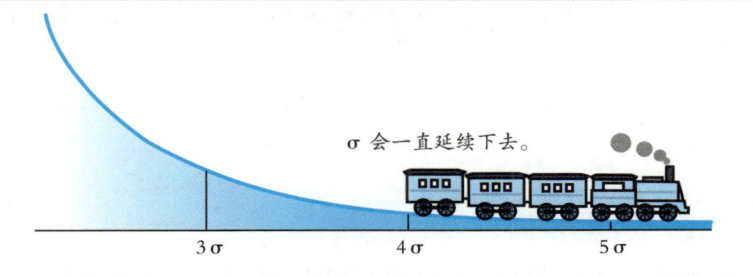

σ 会一直延续下去。

虽然上面写到了 5σ,但是真的有需要用到这样概率的领域吗?

有啊。"发现新粒子"时,如果概率不到 3σ(约 99%)左右,就不会被承认。2015 年诺贝尔物理奖得主梶田隆章,也因为推翻过去"微中子没有质量"的想法,发表"微中子有质量!"并以"6.2σ"的实验数据获得支持,才获颁诺贝尔奖。6.2σ(±6.2σ)也就表示概率为 99.9999999997%,错误的概率为 0.0000000003%[①]。在基本粒子物理学的世界里,也极其严密地运用了统计学的知识呢。

有没有质量?

中微子有质量的证据归功于 6.2σ

观测到减少了一半!
μ 中微子
变为其他的中微子!
=观测中微子振动
=有质量

[①] "中微子振动"的现象并未实际发生,但偶尔观测到"中微子减少了一半"的现象的"错误概率"为 0.000000003%。

7　利用控制图进行质量管理

日本的制造业之所以能享誉世界，最重要的原因就在于"质量管理"。那么，正态分布又是如何对提升品质管理发挥作用的呢？让我们一起来看看吧。

▶ 用控制图观察偏差值

美国戴明博士（1900—1993）战后曾用统计学方法大幅改善了日本产品的品质，并总结出了"质量管理七大手法"[①]。

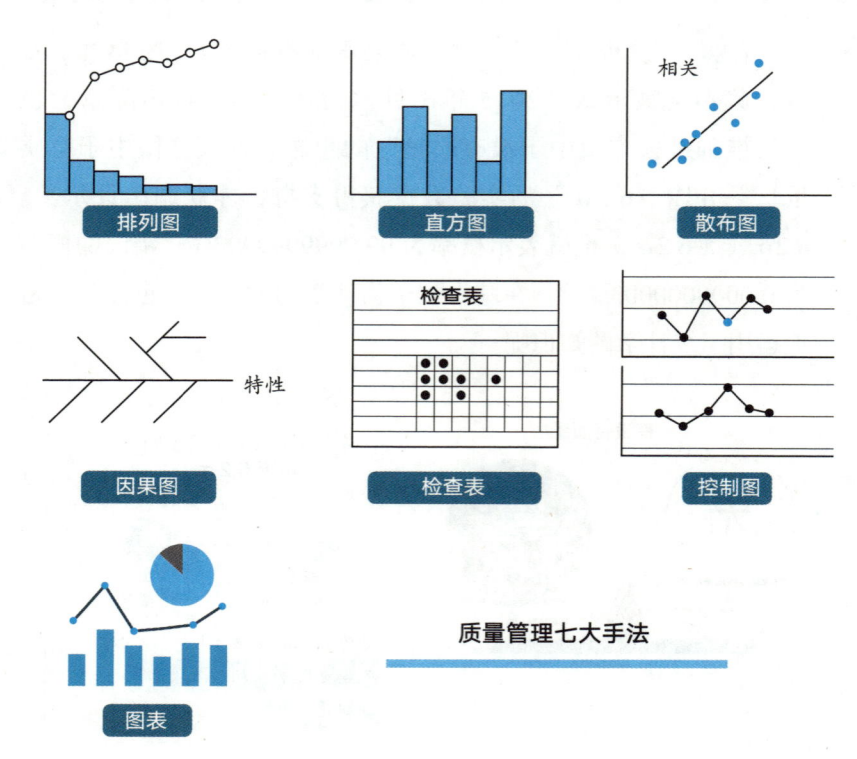

排列图　　直方图　　散布图

因果图　　检查表　　控制图

图表

质量管理七大手法

① 关于"质量管理七大手法"，还有一种分法是：将"控制图"纳入"图表"中，另追加了"层别法"。

其中，对"发现问题"起到作用的工具是控制图。控制图是用来观察生产过程是否稳定和产品离散程度的图表。

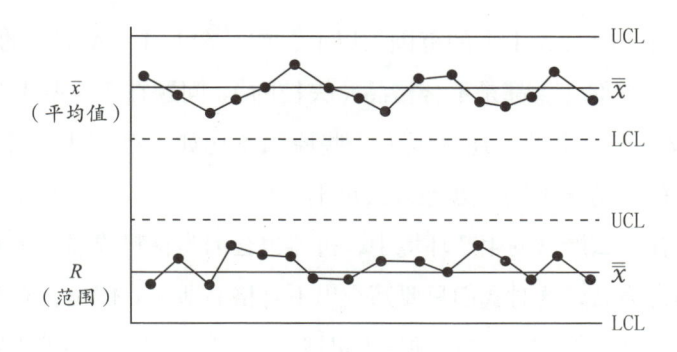

$\bar{x} - R$ 控制图

通过观察上方的"控制图"，我们会发现它呈现出折线的形态。纵轴的刻度在一点点地变化。实际上，观察下图我们就会发现，这就是正态分布曲线（下图的左侧）旋转90度得到的。

平均值位于中心线（CL = Central Line），然后在 ±1σ、±2σ、±3σ 处也画上线。±3σ 的线被称为"控制界限"，UCL 则是上控制限（Upper Control Limit）、LCL 是下控制限（Lower Control Limit）。此外，UCL~CL、CL~LCL 之间被三等分的区域分别是 A、B、C。

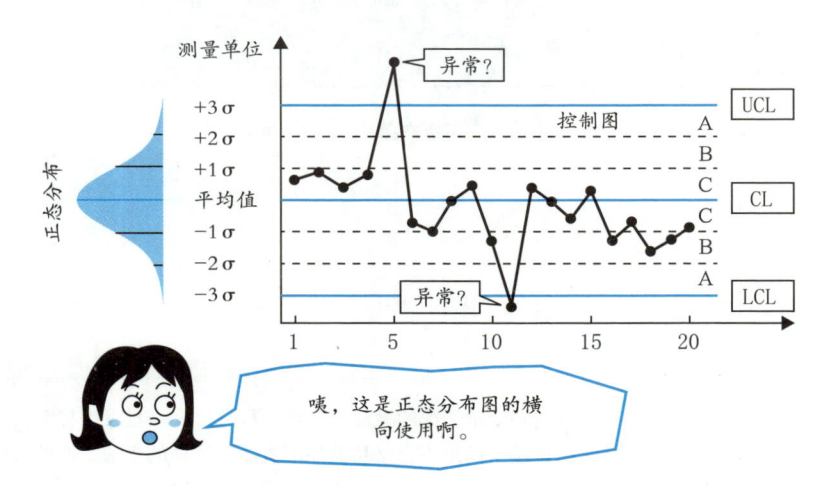

咦，这是正态分布图的横向使用啊。

▶尽早发现"有原因的不良产品"

当然，在 UCL（A 上方的范围）以上，或是在 LCL（A 下方的范围）以下的产品（零部件）都是不合格品（失控的）。问题在于这些不合格产品是偶然被生产出来的，还是因为一些原因（比如工序、生产熟练度）被制造出来的。情况不同，处理方式也不一样。

无论是在多么严密的生产环境中，机器也会因为材料或温度等原因偶然生产出不合格品，这时我们只要筛查出不合格品即可。但是，有明确的原因导致生产出不合格品，就必须停下机器[①]，寻找原因。这时就需要我们通过控制图来进行大致估计了。

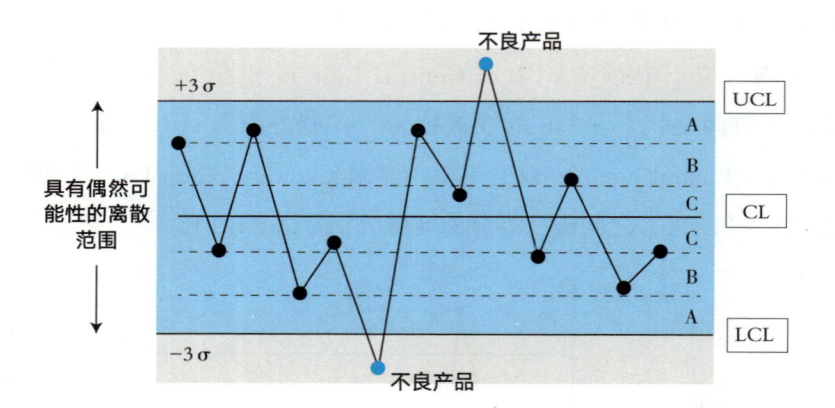

[①] 丰田工厂有一个非常有名的通知异常情况的做法，叫作"行灯"。一旦发生异常，就将"行灯"点亮，停下机器。据说是"做出不合格品就停下机器"这样的想法。此外，作者在进入有设备的特定区域时，因为身体阻断了红外线，一部分的机器就停止了工作。

比如，在一年中生产的 10 万件产品中，即使有大约 3 件的产品因为超过了 UCL 而被判定为不合格品，也很可能只是偶然因素引起的。不过，如果这 3 件产品是在一周之内连续出现的，又将如何呢？我们还能认为这是偶然吗？

此外，若生产出的数百件产品都离控制界限很近的话，我们再不认为"奇怪，一定是有什么问题了"，则会有产出大量不合格品的风险。

为判定究竟是偶然的事件还是有原因的事件，JIS 标准（日本工业标准）规定了以下几项判定规则。说到底，这个标准也只是指导意见，大家还在寻求对特殊状况下的判定方式。

■ 异常判定的规则（JIS）

1	管理界限外	超过区域 A（3σ）
2	连	连续 9 点位于相对于中心线的同一侧
3	上升·下降	连续 6 点增加或减少
4	交互增减	连续 14 点交互增减
5	2σ 外（接近界限线）	连续 3 点之中，有 2 点位于区域 A（3σ）或者区域 A 以外（＞2σ）
6	1σ 外	连续 5 点之中，有 4 点位于区域 B（2σ）或者区域 B 以外（＞1σ）
7	中心化倾向	连续 15 点位于区域 C（1σ）内
8	连续 1σ 外	连续 8 点位于区域 C（1σ）外

＊8 条判定标准只是指导意见而已。

> 如果故障原因只是"偶然"还好，如果有"明确的原因"，还是要趁早查明"异常"。

不良产品

用 Excel 制作正态分布的步骤

在讲解正态分布的应用之前，我们将使用 Excel 制作正态分布，并以此作为总结。通过自己多次练习制作并逐渐熟悉正态分布，会更易于理解和体会正态分布的含义。

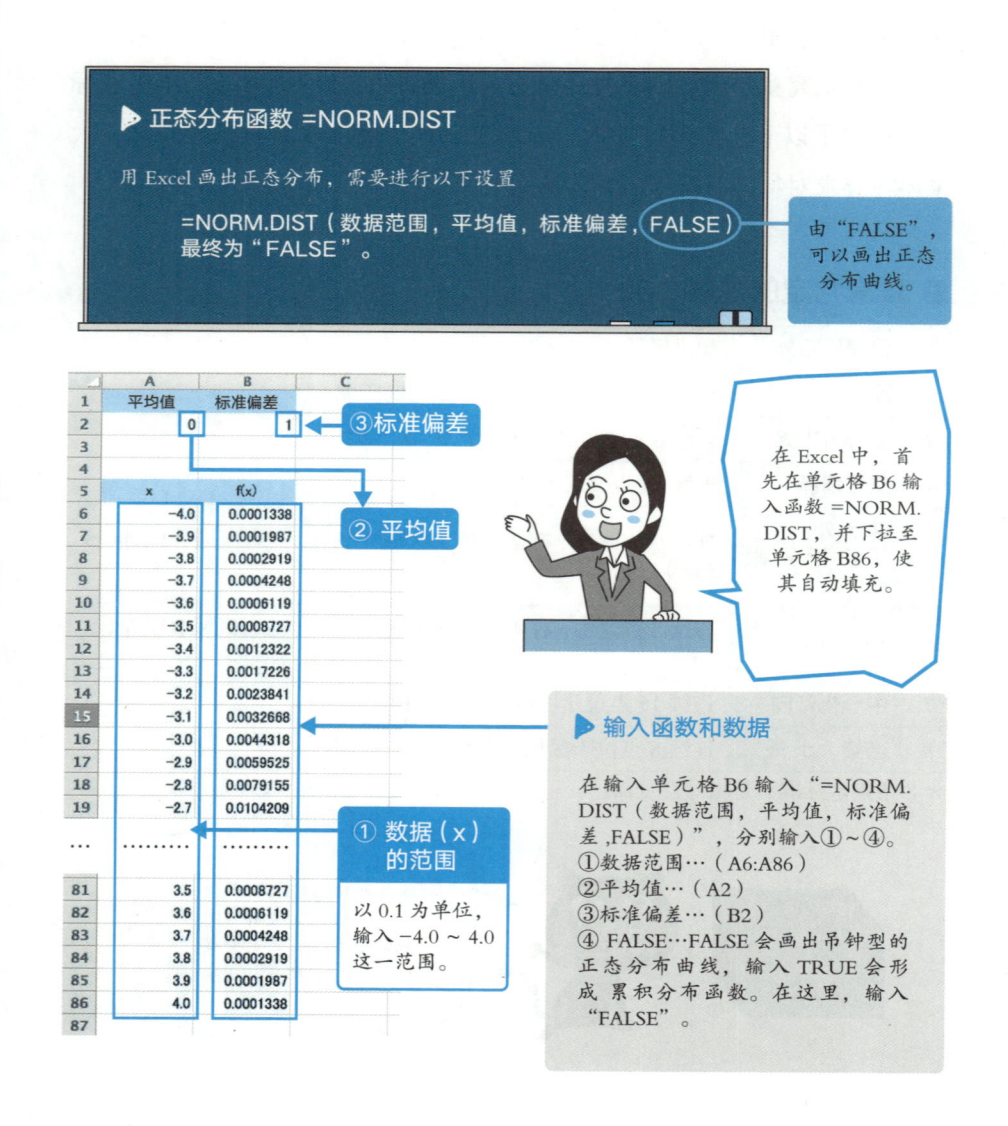

▶ 正态分布函数 =NORM.DIST

用 Excel 画出正态分布，需要进行以下设置

=NORM.DIST（数据范围，平均值，标准偏差，FALSE）
最终为"FALSE"。

由"FALSE"，可以画出正态分布曲线。

	A	B	C
1	平均值	标准偏差	
2	0	1		← ③标准偏差
3			
4			
5	x	f(x)		← ②平均值
6	-4.0	0.0001338	
7	-3.9	0.0001987	
8	-3.8	0.0002919	
9	-3.7	0.0004248	
10	-3.6	0.0006119	
11	-3.5	0.0008727	
12	-3.4	0.0012322	
13	-3.3	0.0017226	
14	-3.2	0.0023841	
15	-3.1	0.0032668	
16	-3.0	0.0044318	
17	-2.9	0.0059525	
18	-2.8	0.0079155	
19	-2.7	0.0104209	
…	…	…	
81	3.5	0.0008727	
82	3.6	0.0006119	
83	3.7	0.0004248	
84	3.8	0.0002919	
85	3.9	0.0001987	
86	4.0	0.0001338	
87			

① 数据（x）的范围
以 0.1 为单位，输入 -4.0 ~ 4.0 这一范围。

在 Excel 中，首先在单元格 B6 输入函数 =NORM.DIST，并下拉至单元格 B86，使其自动填充。

▶ 输入函数和数据

在输入单元格 B6 输入"=NORM.DIST（数据范围，平均值，标准偏差，FALSE）"，分别输入①~④。
①数据范围…（A6:A86）
②平均值…（A2）
③标准偏差…（B2）
④FALSE…FALSE 会画出吊钟型的正态分布曲线，输入 TRUE 会形成累积分布函数。在这里，输入"FALSE"。

▶ 制作正态分布曲线

完成上页操作，输入数据之后，接下来，①选中区域范围A6：B86的所有数据。②依次点击"插入"——"图表"——"散点图"——"带平滑线的散点图"，就能生成右图中的正态分布曲线。

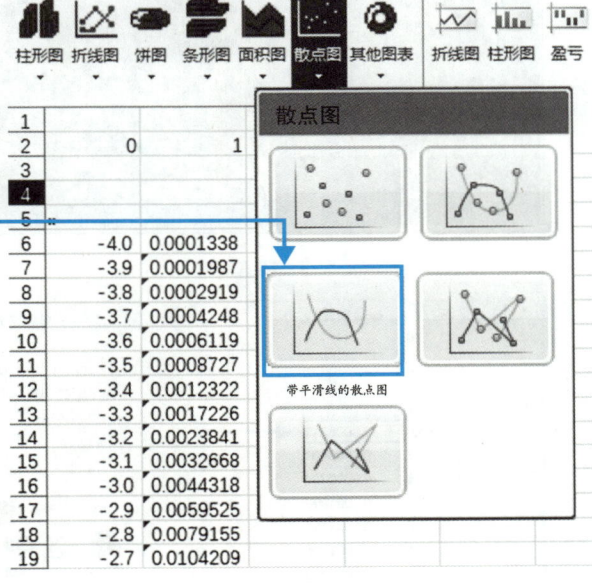

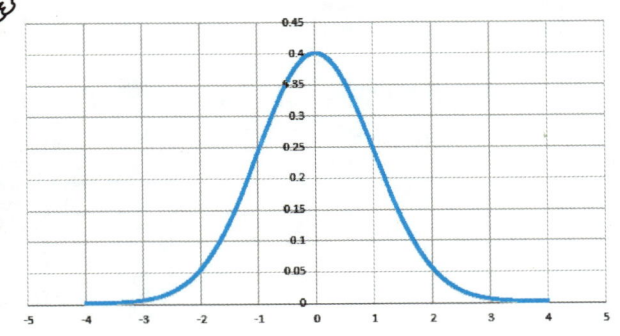

画出了正态分布曲线

▶ 调整正态分布曲线

形成正中间的图表之后，由于纵轴的单位刻度太小，所以对其进行调整。可以根据实际需要重新画线。

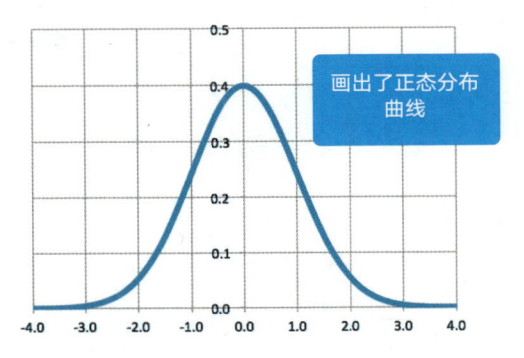

133

统计学研讨课

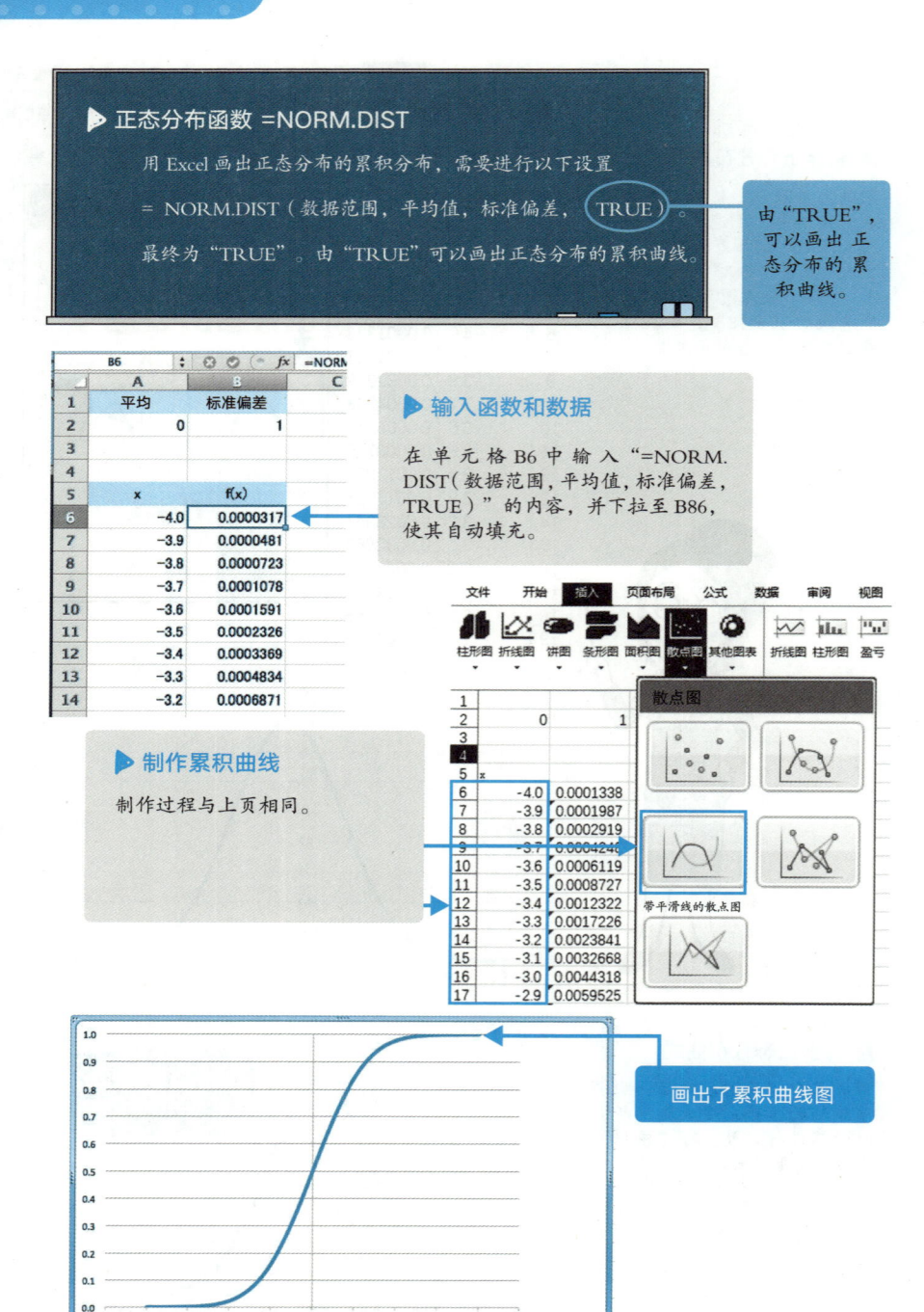

▶ 正态分布函数 =NORM.DIST

用 Excel 画出正态分布的累积分布，需要进行以下设置

= NORM.DIST（数据范围，平均值，标准偏差，TRUE）。

最终为"TRUE"。由"TRUE"可以画出正态分布的累积曲线。

由"TRUE"，可以画出正态分布的累积曲线。

▶ 输入函数和数据

在单元格 B6 中输入"=NORM.DIST（数据范围，平均值，标准偏差，TRUE）"的内容，并下拉至 B86，使其自动填充。

	A	B
1	平均	标准偏差
2	0	1
3		
4		
5	x	f(x)
6	-4.0	0.0000317
7	-3.9	0.0000481
8	-3.8	0.0000723
9	-3.7	0.0001078
10	-3.6	0.0001591
11	-3.5	0.0002326
12	-3.4	0.0003369
13	-3.3	0.0004834
14	-3.2	0.0006871

▶ 制作累积曲线

制作过程与上页相同。

带平滑线的散点图

画出了累积曲线图

▶ **正态分布的公式**

正态分布的公式如下所示，较为复杂。

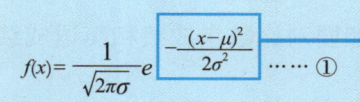

$$f(x) = \frac{1}{\sqrt{2\pi}\sigma} e^{-\frac{(x-\mu)^2}{2\sigma^2}} \quad \cdots\cdots ①$$

> 不会吧？
> 如果不用这个公式，就没办法理解正态分布吗？

① 可以写成下面这样。

$$f(x) = \frac{1}{\sqrt{2\pi}\sigma} \exp\left[-\frac{(x-\mu)^2}{2\sigma^2}\right] \quad \cdots\cdots ②$$

①和②的实质完全相同。可以像①那样写作指数形式，但上角标上的式子就会变得很小，不易阅读。因此，可以像②那样，用括号的形式表示。

> 别担心，没问题的！

▶ **正态分布的形状由"平均值"和"标准偏差"决定**

> 放心吧。正态分布公式根本没有机会在实际中应用。仔细看公式，里面的 π（圆周率）= 3.14……e = 2.7182……所以，这个公式只是为了让大家理解"通过 μ（平均值）、σ（标准偏差）就可以确定正态分布"。

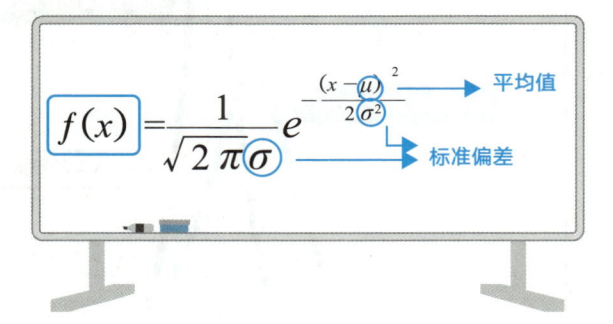

$$f(x) = \frac{1}{\sqrt{2\pi}\sigma} e^{-\frac{(x-\mu)^2}{2\sigma^2}}$$

→ 平均值
→ 标准偏差

8 将两个不同的正态分布合二为一

现在介绍正态分布的后半部分。使用正态分布，能够将原本很难进行对比的两个不同的事物进行比较，比如要对比数学成绩和英语成绩。首先通过图片来简单地了解一下吧。

高中生小 A 参加了全国模拟考试，数学得了 73 分，英语得了 76 分。数学的平均分是 60 分，英语的平均分是 68 分。那么，小 A 的数学成绩和英语成绩，哪一个相对来说比较好呢？（得分分布均按照正态分布）。实际上，仅以这些条件是无法进行判断的，还需要能够表示全体离散程度的标准偏差。现在，我们假定数学是标准偏差为 8 分的正态分布，英语则是标准偏差为 6 分的正态分布。

	数学	英语
小 A 的成绩	73 分	76 分
总体平均分	60 分	68 分
标准偏差	8 分	6 分

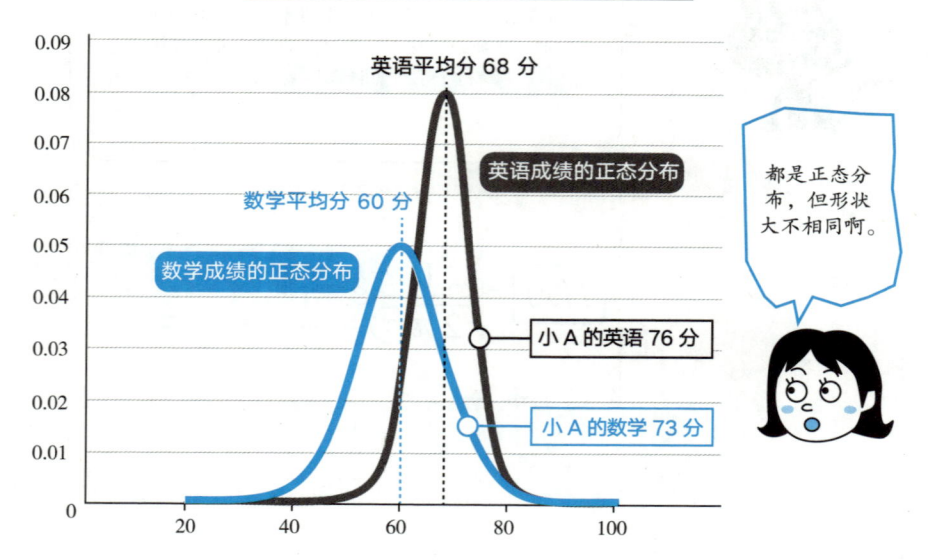

英语平均分 68 分
英语成绩的正态分布
数学平均分 60 分
数学成绩的正态分布
小 A 的英语 76 分
小 A 的数学 73 分

都是正态分布，但形状大不相同啊。

描绘出的曲线如上页所示。我们发现，虽然英语的得分比数学要高 3 分，但相对而言数学成绩却要比英语成绩好。

▶ 尝试变成相同的图形

在上页的图中，数学 73 分、英语 76 分的虚线和各自正态分布曲线的交点表明了该科成绩所占的位置（也表示了排名）。

首先，我们来尝试一下不用数值计算，用图表的方式对数学和英语这两个不同的内容进行比较的方法。至于用数值确认的方法让我们之后讲解。

那么，既然这样无法进行比较，究竟要怎样才能比较数学成绩和英语成绩这两组不同的数据呢？我们需要把这两张图表合二为一。

虽说是把两条曲线整合起来就好，但是究竟要怎么整合呢？

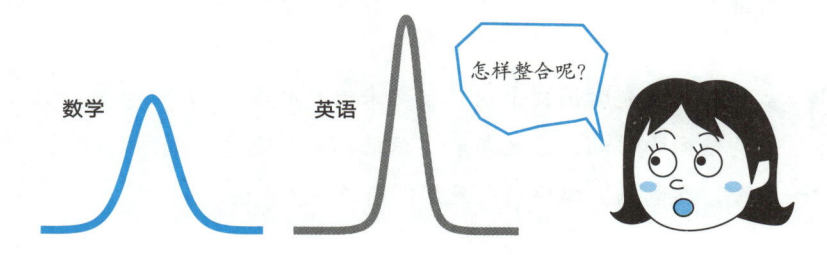

怎样整合呢？

这里的前提是正态分布。正态分布虽有无数种模型，但只要知道了平均值和标准偏差，这个正态分布的形状就被确定下来了。

我还记得。应该是①平均值变化则左右移动②标准偏差变大，数据离散程度也变大，正态分布曲线则变得扁平；标准偏差变小，数据离散程度也变小，正态分布曲线则变得又高又细……对吧？

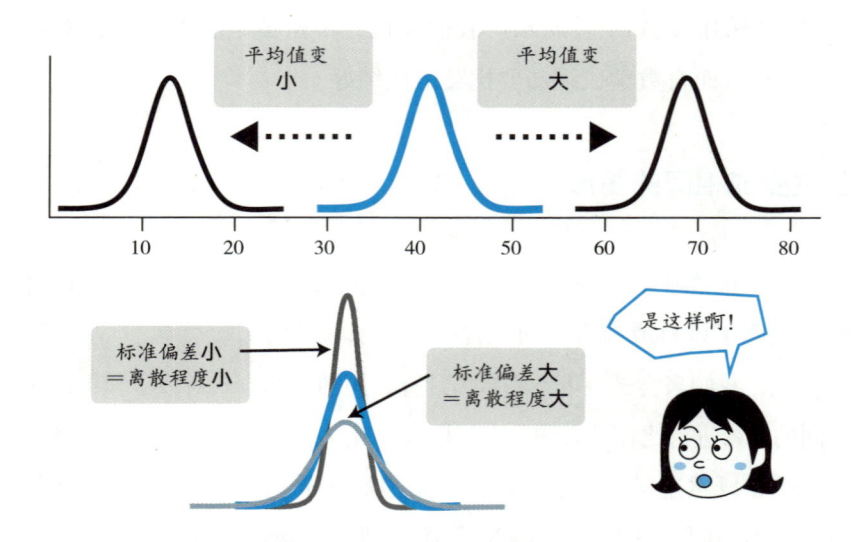

[图：三条正态分布曲线，标注"平均值变小"（向左箭头）和"平均值变大"（向右箭头），横轴10到80]

标准偏差小
＝离散程度小

标准偏差大
＝离散程度大

是这样啊！

> 正是如此。就像用手来移动两条曲线一样，两条分布曲线不就合二为一了吗？虽说现在①平均值②离散程度（标准偏差）两者都不同。

> 那么就先尝试把平均值合起来吧。将数学的曲线（蓝色）的平均值向右移动，使之与和英语的曲线（黑色）的平均值的位置重合。在电脑上操作起来果然很简单呢。

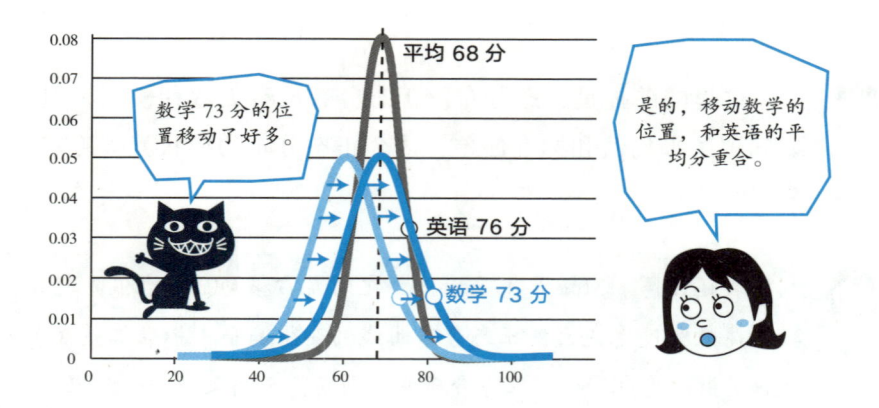

平均 68 分

数学 73 分的位置移动了好多。

英语 76 分

数学 73 分

是的，移动数学的位置，和英语的平均分重合。

嗯，只是用鼠标粗略地移动曲线而已嘛。现在①的平均值的部分弄好了。接下来怎么处理②标准偏差的部分呢？要分两步进行操作哦。

因为高度不同，那就把高度合起来。如果将较高的英语的曲线进行压缩的话……就会变成这样。

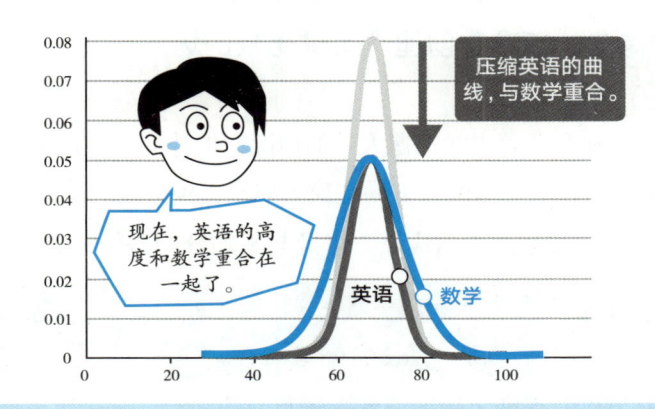

压缩英语的曲线，与数学重合。

现在，英语的高度和数学重合在一起了。

最后再将宽度合起来……完美地重合了呢。在下图中，"数学"比"英语"要靠右一点呢。

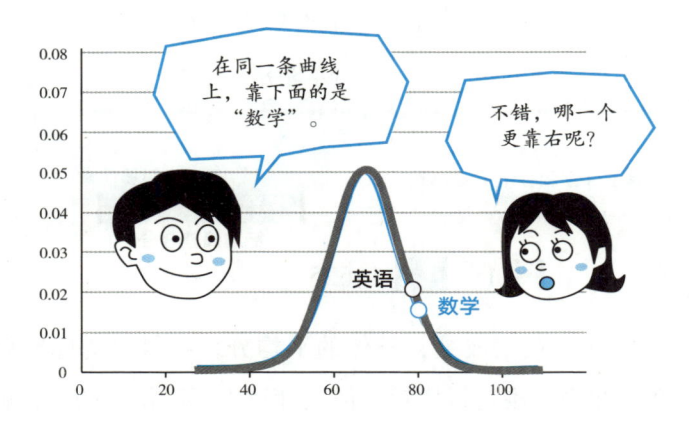

在同一条曲线上，靠下面的是"数学"。

不错，哪一个更靠右呢？

问题解决了呢。虽然移动、压缩曲线的方法生动有趣，但最后还要用数值表现出来。

9 充分利用标准正态分布

所谓数值化,也只是将图表中的方法描述下来而已。因为用数值计算的话,可以很好地表现出差异。

▶ 用标准得分、标准化创建"可供比较的场所"

虽然通过观察图表也能把握大致的情况,但计算出数值之后会更便于理解。数值可以作为有力的根据向任何人展示,十分便利。

观察小 A 的数学、英语成绩,以及与平均分的差值,我们得到:

数学　得分－平均分＝ 73-60 ＝ 13
英语　得分－平均分＝ 76-68 ＝ 8

将差值与离散程度(标准偏差)进行对应:

・数学的 13 分对于标准偏差 8 分　相当于 13÷8 ＝ 1.625
・英语的 8 分对于标准偏差 6 分　相当于 8÷6 ＝ 1.333

这里的 1.625 和 1.333 被称为"标准得分"或"标准化得分"。

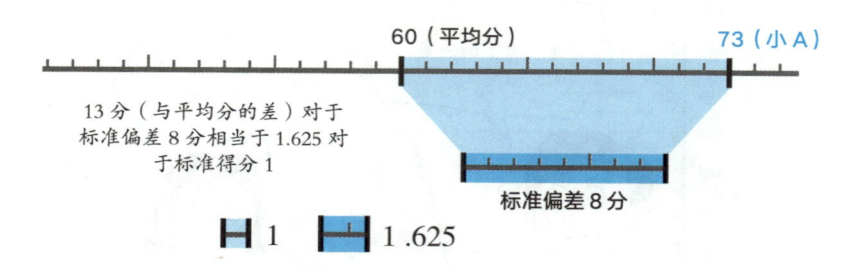

60(平均分)　　　73(小 A)

13 分(与平均分的差)对于标准偏差 8 分相当于 1.625 对于标准得分 1

标准偏差 8 分

1　　1.625

小 A 的数学、英语成绩,整体的平均分,各科目的标准偏差都不一样。虽然看起来很难进行比较,但是计算出标准得分的话,就大不一样了。

也就是说,当标准偏差为 1 时,小 A 的数学、英语成绩分别是

1.625、1.333。不同学科的成绩转化为标准得分后，变得可以比较了。

不仅是小 A 的成绩，参加考试的全体学生的考试成绩（数据）也可以通过将"与平均值之差"除以该科目的标准偏差，计算出标准得分。这是将全体学生的成绩与"标准得分＝1"进行对比后同化的结果，被称为"标准化"。

▶ **标准正态分布是平均值＝0、标准偏差＝1的正态分布**

现在，用"标准得分 =1"进行了标准化。那么，"平均值"会变成怎样呢？本来，平均分根据科目的不同而不同，但是以标准得分进行分布的时候，平均分为 0。

也就是说，之所以小 A 的标准得分是 1.625 和 1.333 这样的"正值"，是因为小 A 的成绩比平均分高。如果是比平均分低的情况下，标准得分也会变为"负值"。显而易见，如果收集所有人的数据，标准得分就会变成"±0"。

因此，在通过每个人的成绩计算标准得分并进行"标准化"时，分布会变为：

> 平均值＝0、标准偏差＝1的正态分布

虽说正态分布有无数种，但我们称这种特殊的正态分布为标准正态分布。

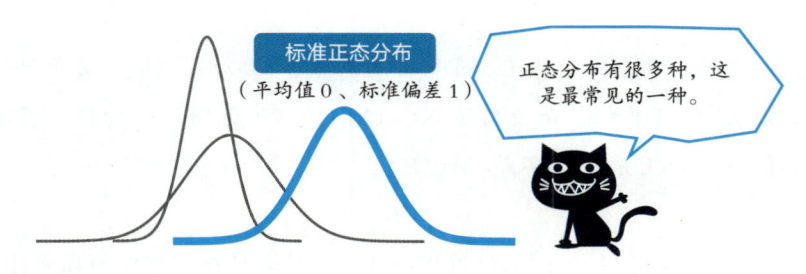

标准正态分布
（平均值 0、标准偏差 1）

正态分布有很多种，这是最常见的一种。

▶ **了解个人的位置**

数学的标准得分是 1.625，英语是 1.333。这在标准正态分布中对应着标准偏差1（1σ）的1.625倍、1.333倍的位置。所以，可以简单地认为"数学是1.625σ，英语是1.333σ的位置"。这样一来，就能知道小A的数学的位置了。

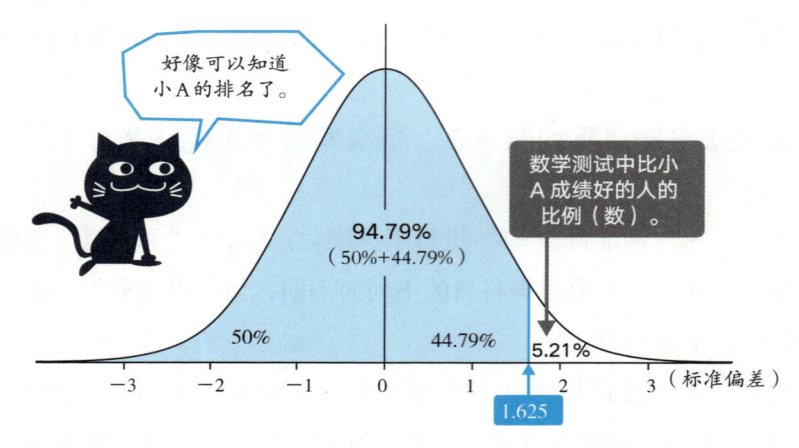

好像可以知道小A的排名了。

数学测试中比小A成绩好的人的比例（数）。

94.79%
（50%+44.79%）

50%　　44.79%　　5.21%

−3　−2　−1　0　1　2　3　（标准偏差）

1.625

前辈稍等。在这个标准正态分布图里，为什么"标准偏差＝1.625"，就可知其位于从上向下5.21%的位置呢？我认为恐怕是因为知道了左边是94.79%，所以100%−94.79%＝5.21%这样计算得出的。

有"标准正态分布表"嘛。表中标准偏差在1.625以下的部分就"累积"出来了。因为手头没有标准正态分布表，所以试着像下页那样用Excel制作了出来。

是本章专栏"用Excel制作正态分布的步骤"（132页）里的方法啊。"累积"是使用了NORM.DIST（范围、平均值、标准偏差、TRUE），而不是FALSE。

是的。但是，因为标准偏差1.625并未从这张表中直接得出，所以取1.62和1.63之间的平均值，推论为"94.79%（0.9479）"。也就是说，小A以上还有5.21%的人。

■ 用 Excel 制作并观察标准正态分布

④在单元格 B3 中输入"=NORM.DIST（$A3+B$2,E1,G1,TRUE）"。

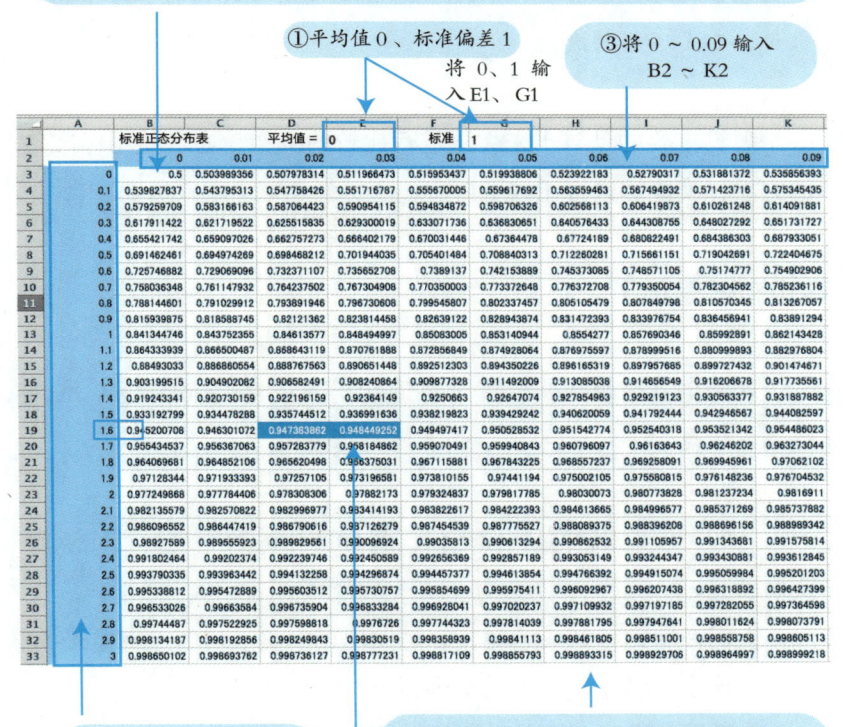

①平均值 0、标准偏差 1
将 0、1 输入 E1、G1

③将 0~0.09 输入 B2~K2

	A	B	C	D	E	F	G	H	I	J	K
1		标准正态分布表			平均值＝	0	标准	1			
2			0	0.01	0.02	0.03	0.04	0.05	0.06	0.07	0.08	0.09
3	0	0.5	0.503989356	0.507978314	0.511966473	0.515953437	0.519938806	0.523922183	0.52790317	0.531881372	0.535856393
4	0.1	0.539827837	0.543795313	0.547578426	0.551716787	0.555670005	0.559617692	0.563559463	0.567494932	0.571423716	0.575345435
5	0.2	0.579259709	0.583166163	0.587064423	0.590954115	0.594834872	0.598706326	0.602568113	0.606419873	0.610261248	0.614091881
6	0.3	0.617911422	0.621719522	0.625515835	0.629300019	0.633071736	0.636830651	0.640576433	0.644308755	0.648027292	0.651731727
7	0.4	0.655421742	0.659097026	0.662757273	0.666402179	0.670031446	0.673644478	0.677240185	0.680822491	0.684386303	0.687933051
8	0.5	0.691462461	0.694974269	0.698468212	0.701944035	0.705401484	0.708840313	0.712260281	0.715661151	0.719042691	0.722404675
9	0.6	0.725746882	0.729069096	0.732371107	0.735652708	0.7389137	0.742153889	0.745373085	0.748571105	0.751747776	0.754902906
10	0.7	0.758036348	0.761147932	0.764237502	0.767304906	0.770350003	0.773372648	0.776372708	0.779350054	0.782304562	0.785236116
11	0.8	0.788144601	0.791029912	0.793891946	0.796730608	0.799545807	0.802337457	0.805105479	0.807849798	0.810570345	0.813267057
12	0.9	0.815939875	0.818588745	0.82121362	0.823814458	0.826391222	0.828943874	0.831472393	0.833976754	0.836456941	0.838912094
13	1	0.841344746	0.843752355	0.84613577	0.848494997	0.85063005	0.853140944	0.8554277	0.857690346	0.85992891	0.862143428
14	1.1	0.864333939	0.866500487	0.868643119	0.870761898	0.872856849	0.874928064	0.876975597	0.878999516	0.880999893	0.882976804
15	1.2	0.88493033	0.886860554	0.888767563	0.890651448	0.892512303	0.894350226	0.896165319	0.897957685	0.899727432	0.901474671
16	1.3	0.903199515	0.904902082	0.906582491	0.908240864	0.909877328	0.911492009	0.913085038	0.914656549	0.916206678	0.917735561
17	1.4	0.919243341	0.920730159	0.922196159	0.923641490	0.925066630	0.926471074	0.927854963	0.929219123	0.930563377	0.931887882
18	1.5	0.933192799	0.934478288	0.935744512	0.936991636	0.938219823	0.939429242	0.940620059	0.941792444	0.942946567	0.944082597
19	1.6	0.945200708	0.946301072	0.947383862	0.948449252	0.949497417	0.950528532	0.951542774	0.952540318	0.953521342	0.954486023
20	1.7	0.955434537	0.956367063	0.957283779	0.958184862	0.959070491	0.959940843	0.960796097	0.96163643	0.96246202	0.963273044
21	1.8	0.964069681	0.964852106	0.965620498	0.966375031	0.967115881	0.967843225	0.968557237	0.969258091	0.969945961	0.970621022
22	1.9	0.97128344	0.971933393	0.97257105	0.973196581	0.973810155	0.97441194	0.975002105	0.975580815	0.976148206	0.976704532
23	2	0.977249868	0.977784406	0.978308306	0.97882173	0.979324837	0.979817785	0.98030073	0.980773828	0.981237234	0.9816911
24	2.1	0.982135579	0.982570822	0.982996977	0.983414193	0.983822617	0.984222393	0.984613654	0.984996577	0.985371269	0.985737882
25	2.2	0.986096552	0.986447419	0.986790616	0.987126279	0.987454539	0.987775527	0.988089375	0.988396208	0.988696156	0.988969342
26	2.3	0.98927589	0.989555923	0.989829561	0.990096924	0.990358113	0.990613294	0.990862612	0.991105957	0.991343681	0.991575814
27	2.4	0.991802464	0.99202374	0.992239746	0.992450589	0.992656369	0.992857189	0.993053149	0.993244347	0.993430881	0.993612845
28	2.5	0.993790335	0.993963442	0.994132258	0.994296874	0.994457377	0.994613854	0.994766392	0.994915074	0.995059984	0.995201203
29	2.6	0.995338812	0.995472889	0.995603512	0.995730751	0.995854677	0.995975411	0.996092967	0.996207438	0.996318892	0.996427399
30	2.7	0.996533026	0.99663584	0.996735904	0.996833284	0.996928041	0.997020237	0.997109932	0.997197185	0.997282055	0.997364596
31	2.8	0.99744487	0.997522925	0.997598818	0.9976726	0.997744039	0.997814039	0.997882	0.997947641	0.998011624	0.998073791
32	2.9	0.998134187	0.998192856	0.998249843	0.99830519	0.998358939	0.99841113	0.998461805	0.998511001	0.998558758	0.998605113
33	3	0.998650102	0.998693762	0.998736127	0.998777231	0.998817109	0.998855793	0.998893315	0.998929706	0.998964997	0.998999218

②纵向以每 0.1 为刻度输入 0~3（σ）

⑤最后复制单元格 B3，粘贴到范围内的单元格。虽然此时显示的标准偏差最多为 3.09（σ），但也可以进一步增加。

1.625 的由来：在左列（A 列）的"1.6"之后，右侧数字中有"0.02"。这是接在 1.6 后面的数字，也就是 1.62（＝1.6+0.02）。而实际上想要得到的是 1.625，因此，位于它与后面的"0.03"，即 1.63 之间。

$1.62 \approx 0.9474$
$1.63 \approx 0.9484$

➡ $1.625 \approx 0.9479$

我好像明白了！

如果参加全国数学模拟考试的人有 1 万，也就是说，他处于第 521 名的位置。英语的标准偏差是 1.333，再加上从前面的表中得到 0.9082，也就是 90.82%。即上面还有 9.18% 的人。不论怎么说，都是不错的成绩。

嗯，重要的是，本来无法进行比较的事物，通过使用标准化的方法，就能够进行比较了。

▶ 智商也有偏差值？

这和偏差值很像，但"平均值＝0"这部分完全不同。我记得偏差值是"平均值=50"。但是还是很像呢。

是的，偏差值简直就像是仅仅将标准化的数字进行了一点改变而已。

人们在看到考试成绩时，容易发现正中（平均值）大概是 50 分。在这里，同计算小 A 的标准得分时一样：

①计算（得分－平均分）后，用标准偏差去除

②乘以 10 倍

③再加上平均分 50 分

形成如下计算：

$$偏差值 = \frac{（得分 - 平均值）}{标准偏差} \times 10 + 50$$

偏差值在通常的情况下都会被控制在 20~80 分，但是根据考试的难度，有时也会超过 100 分或是低于 0 分。

从未想过正态分布和偏差值之间还有关系。

正态分布中的标准偏差，相当于平均值 ±1σ 中大约 68% 的范围。而 ±1σ 用偏差值来表示的话，相当于 40~60。平均值 ±2σ 相当于偏差值的 30~70。

如果说"将能力数值化"的话，和智商（IQ）也很相似，它们有什么关系吗？

是的。虽然将偏差值定为正中的 50 分，但据说智商的话则要定偏差值为 100，最高 140 左右。

我听朋友说，《吉尼斯世界纪录》上记录了智商世界第一的人是名女性。

美国人玛丽莲·沃斯·莎凡特（1946—）的智商是 228，非常高。我会在最后的"番外篇"中，再一次说出她的名字。

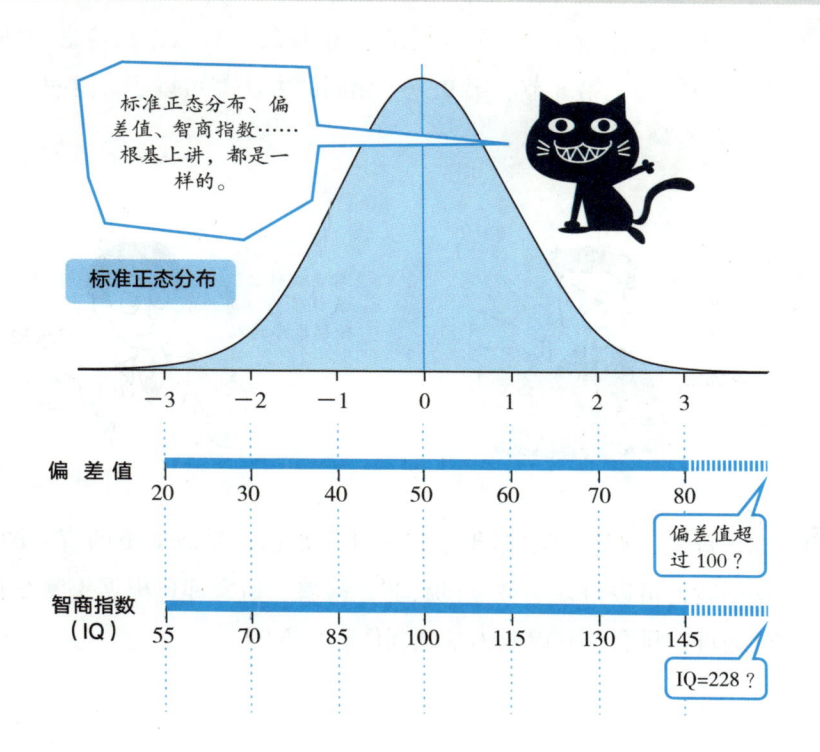

标准正态分布、偏差值、智商指数……根基上讲，都是一样的。

标准正态分布

| | −3 | −2 | −1 | 0 | 1 | 2 | 3 |

偏差值：20　30　40　50　60　70　80

偏差值超过 100？

智商指数（IQ）：55　70　85　100　115　130　145

IQ=228？

第四章　亲身感受正态分布

145

10 将两组不同的数据进行对比

我在序章中提出了三个问题。其中第二个是"如何比较在不同部门工作的两个人的成绩（贡献度）"，现在我将使用前面介绍过的正态分布来大致说明一下。

X公司有"让对公司做出最大贡献的员工去斯坦福大学留学一年"的传统，今年的候选人是销售部业绩最好的A先生和研发部业绩最好的P先生，因为两个人的专业不同，应该如何进行对比来选出做出最大贡献的人呢？

> 虽然是相当乱来的设定，但好像在公司里是会有的，毕竟奖励性的要素也很强。

> 本来，比较不同性质的东西是很难的，只从方法考虑的话，使用与前述（第8节、第9节）相同的方法就可以了。这里换用"偏差值"来比较。

你们知道我是为公司做的贡献最多的人吗？
A先生

你在说什么！我才是为公司鞠躬尽瘁的人。
P先生

> 首先，销售部根据年销售额计算数据，做成如下的直方图。从中我们可以得知A先生的位置。接着，研发部再根据年度专利件数进行排名，并以此为基础制作了直方图。

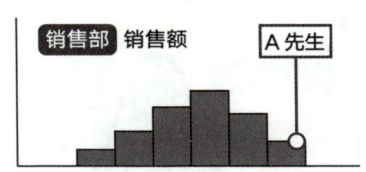

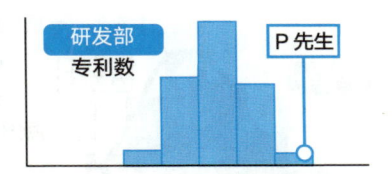

虽然销售金额和专利数无法进行比较，但可以通过正态分布曲线进行比较。这种利用"偏差值"进行比较的方法比前面的还要简单。但是，没有最重要的正态分布曲线啊。

第 8 节（136 页）的小 A 参加的是全国模拟考试，参加者（数据）很多，可以设想为正态分布。但如果是公司的话，就只能描绘成上面的直方图了。

感觉像是"突然触礁了"一样，而且也不能把直方图分成小部分……

这里稍微粗略一点（闭上眼睛），用吊钟型曲线（正态分布曲线）将 2 个直方图覆盖起来。

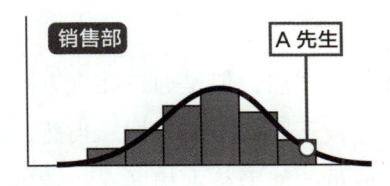

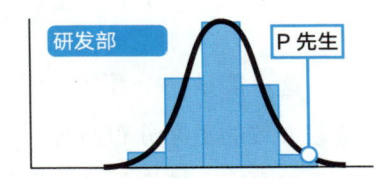

也就是说，找到并使用接近直方图形状的正态分布就可以了。如第 8 节中将图表重叠一样，因为正态分布曲线都是相同的，通过平行移动或者对高度和宽度（标准偏差）进行调整，可以使两个正态分布曲线变成相同的形状。然后只要对比最高点的位置即可。

① 首先，将顶部调整一致。

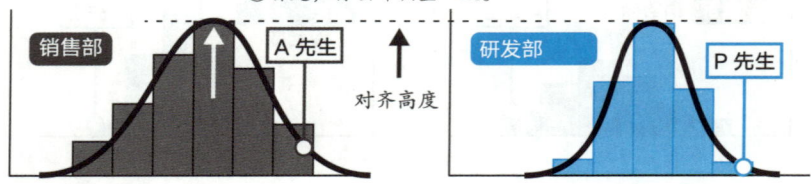

销售部　A 先生　　对齐高度　　研发部　P 先生

② 然后将宽度调整一致。

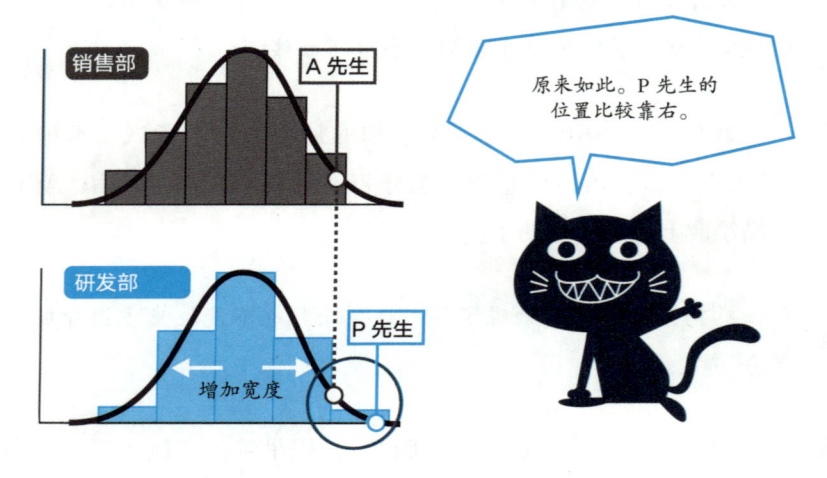

销售部　A 先生

研发部　P 先生　增加宽度

原来如此。P 先生的位置比较靠右。

> 这样一来，研发部的 P 先生更靠近图表的右侧。看来虽然所属部门不同，但是 P 先生贡献更高呢。

> 这可能是一个看起来相当强行的方法，但是通过在直方图上覆盖大致的正态分布曲线，可以比较不同的两组数据。当然，前提是这两组（销售部、研发部）成员的能力基本相同，业绩也呈现出自然的偏差。

> 嗯，虽然是相当不合理的前提，但作为思考方式还是可以理解的。

庞加莱与面包店店主之间的攻防战

在活用正态分布的著名轶事中，法国数学家庞加莱（1854—1912）和面包店的故事不得不提。

据说，庞加莱从一家面包店买了1000克（一块）的面包，一年来一直在仔细测量面包的重量。当然，即使有一两次不到1000克的情况，也没有什么不可思议的，因为制作面包也会有偏差。虽说是1000克，但如果它是以1000克为中心的正态分布（偏差度大是有问题的），即使作为庞加莱也不会认为有什么问题吧。

但是，测量结果显示，面包的平均值不是1000克，而是950克的正态分布。如下方蓝色正态分布的图形所示。

比原来认为的分布（浅色的正态分布）少50克。而面包店却以950克重的面包冒充1000克的面包，就这样，以这一年的数据为基础，庞加莱投诉了面包店。

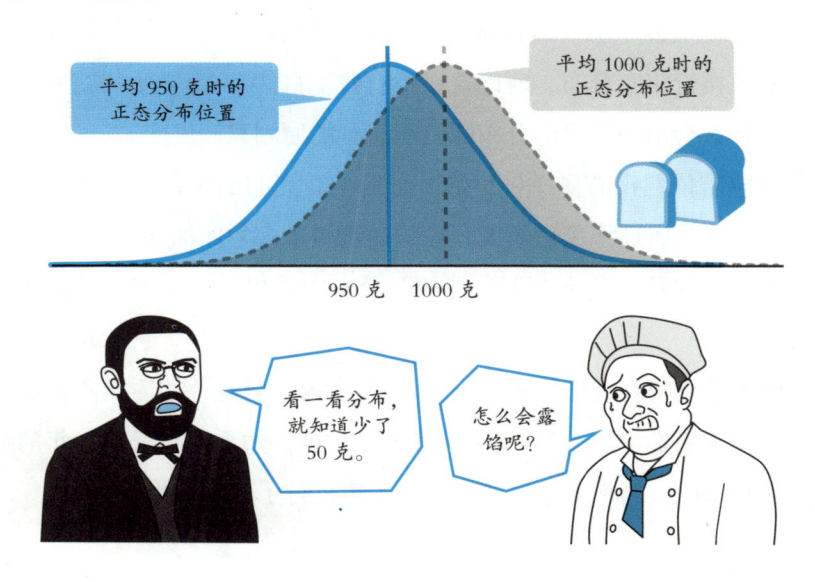

最频值还是950克吗?

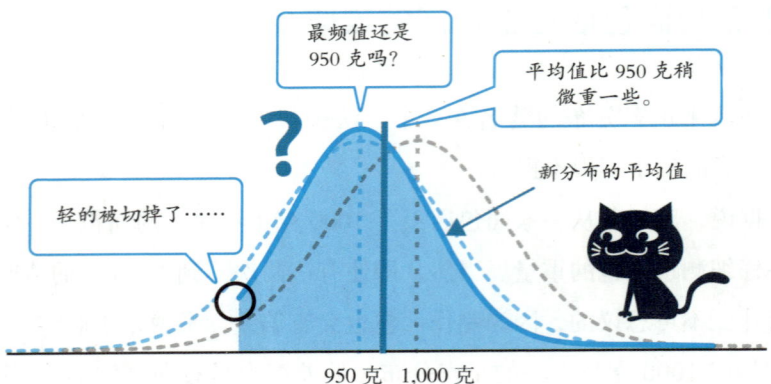

平均值比950克稍微重一些。

新分布的平均值

轻的被切掉了……

950 克　1,000 克

可能还是因为不能完全信任面包店,所以他还要再测量一年面包的重量。

于是,就形成了上面那样不可思议的图表(因为当时的图表并没有保留下来,所以上图是笔者的推测)。首先,它并不是左右对称的,并且最频值仍然保持在 950g。但是,不知为何平均值却变重了一点。可以推测应该与图表左下方(轻的面包)被切掉的部分有关。正常情况下制作面包应该接近正态分布,所以这显得有些不自然。

为什么会出现这样的分布呢?能想到的原因只有一个。

面包店依然没有做 1,000 克,而是 950 克的面包蒙混售卖。为了不被投诉,面包店选择了稍微大一点的面包给事多的庞加莱。

据说庞加莱从这个"不自然的"分布中看出了这一点,并再次投诉了面包店。

庞加莱还留有这样一句话:"所谓数学家,就是一边看着不正确的图一边进行正确推论的人"。这个例子也是,他一边看着从长达一年的数据收集中制作出来的不可思议的图表,一边进行了正确的推论。

第五章

通过样本，推测总体的特征

第五章和第六章介"推论统计学。这两章都是以样本为基础，推测总体的特征。

两章的相同点，都是在样本基础上推断总体的特性。

不同点①推测总体的具体值，②验证关于总体的假设的真伪。

第五章讲述①的内容，第六章讲述②的内容。

1 要推测什么？

本章主要介绍推论统计学两大基础之一的"推测"。推测指的是从样本数据中推测总体的平均值、方差等。

▶推测平均值，以及比率（收视率）等的方法

当前，统计学的主流是推论统计学，在第一章中我曾讲到过。
描述统计学以处理全部数据为基础。
推论统计学从样本中推测总体的特征。

从这个意义上来说，第五章中的推测，以及第六章中的验证假设，都在推论统计学中起着核心的作用。

那么，说到"以样本数据为基础，推测总体的性质、特征"，究竟是要推测什么呢？这种情况下，推测的对象指总体的平均值、方差、比率等。

"平均值和方差，真的有那么重要吗？"答案是肯定的，因为只要知道了平均值和方差，就能在一定程度上推断总体。举例来说，在分析员工向公司提交的奖金问卷（第三章）时，平均值就是一个很重要的参考数据，如果知道了方差，就能知道员工所期望的奖金大致分布在哪个区间（去掉个别超常数据）。

你可能又会思考，"虽然已经理解了平均值，但比率又是什么呢？"具体来讲，就是指收视率等。而收视率是怎样从较少的样本数据中计算出的？又怎样估算它的误差呢？

基本上，只要记住计算总体的平均值的方法，这些推测的步骤可以说都是差不多的。本书中主要介绍以下两种方法：①计算总体的平均值的方法、②计算具体收视率的方法。

推测是推论统计学的支柱之一，可以无限深入研究下去。比如，也有使用类似正态分布的 t 分布，以及看起来与正态分布完全不同的卡方分布（χ^2 分布）等的例子。它们的理论背景中，也有为了理解这些理论而产生的被叫"自由度"的高难度概念。但我们认为，只要掌握了平均值和比率，就足以理解推测了。

▶ 理解脉络

本章会出现少量的计算公式。笔者认为，在实际计算时，并不需要做到十分细致，但理解"使用这样的计算公式可以缩小推测的范围吗？""改变这部分的数值，能将概率从 95% 提高到 99% 吗？"是重要的。

我们只要会加减乘除四则运算，就能完成统计学的大部分计算，就连使用 Excel 进行上述运算的时候，几乎也不用了解那些特殊的统计函数。改变数值重新计算等麻烦的事情，交给 Excel 就好了。

▶ 支撑推论统计学的中心极限定理

"根据样本数据，推测总体的平均值"，这么做必须要有理论依据。这个理论依据就是中心极限定理。中心极限定理是推测整体的平均值时，作为推论统计学理论支撑的重要的定理。

虽然一直使用的是"整体"一词，但从后文开始，有必要换成"总体"一词进行说明。下面，就从几个词汇开始说明吧。

2 从整理统计学术语开始

在样本和总体中，都各自存在平均值、方差、标准差。所以只说平均值，无法区别具体指的是哪一个。因此，我们先来整理一下将要用到的术语。

▶ 平均值、方差、标准偏差各有两个？

在第二章和第三章中，平均值、方差（标准偏差）这些名词被频繁使用，仔细想想，提到平均值，是指总体的平均值还是样本数据的平均值？不加限定的话，容易造成混淆。

即使你想说的是样本（标本）的平均值，但对方有可能误以为你说的是总体的平均值。此时，需要先确认说的是哪一个，对话才能继续下去。为此，必须要准确地区分使用统计学用语和概念，以便于沟通。因此我们需要对基本的统计学用语稍作整理。

之前，已经使用了很多次"整体"一词。而通常应将其称为"总体"来称呼。从总体中抽取样本形成的数据的集合称为"标本"。

总体中也存在着平均值、方差、标准偏差。在它们前面加上"总体"两个字，用总体平均值、总体方差、总体标准偏差来指代。

如果没有任何注释，那么平均值、方差、标准偏差，所指的就是总体的平均值、方差、标准偏差。

并且，像这样通过样本计算出的样本平均值、样本方差、均方差、样本标准偏差，叫作统计量。统计量一词经常被使用，但是与总体对应的值不能被称为统计量。这就是用语的区分。

总体（整体）

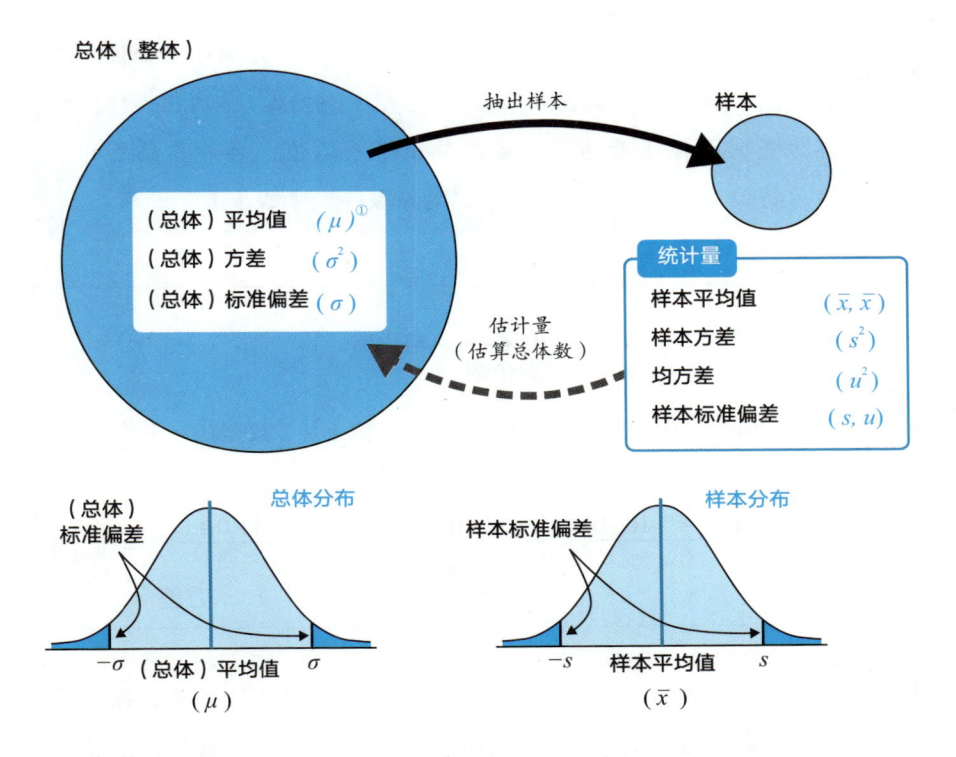

抽出样本 → 样本

（总体）平均值　（μ）①
（总体）方差　　（σ^2）
（总体）标准偏差（σ）

估计量
（估算总体数）

统计量

样本平均值　　（$\bar{x}, \bar{x}$）
样本方差　　　（s^2）
均方差　　　　（u^2）
样本标准偏差　（s, u）

（总体）标准偏差　　总体分布

$-\sigma$　（总体）平均值　σ
　　　　　　（μ）

样本标准偏差　　样本分布

$-s$　样本平均值　s
　　　（$\bar{x}$）

> 对于总体，一般都在前面加"总体"两个字，比如总体平均值、总体方差就很容易明白。而对于样本，也有样本平均值、样本方差。可是突然冒出来一个均方差，难道它不能叫样本方差吗？

> 你一上来就问到核心的问题了。只有均方差在计算上有些不同。

---

① 总体平均值的符号是 μ、总体方差的符号是 σ^2、总体标准偏的符号差是 σ 等，它们用希腊字母来表示。从总体中抽出的样本计算出样本平均值是 $\bar{X}$、$\bar{x}$、样本方差用 s^2 等，它们用英文字母来表示。

第五章　通过样本，推测总体的特征

155

咦？总体方差和样本方差，计算方法不一样吗？比如说，从总体中抽取三个样本，分别为9、10、11的话，平均值=10。计算方差时，像下面这样，首先算出了平均值，再计算偏差的平方，将偏差的平方之和除以数据的个数3，对吧。

$$平均值 = \frac{9+10+11}{3} = 10 \quad \leftarrow 平均值$$
$$\phantom{平均值 = \frac{9+10+11}{}}\; \underset{\uparrow}{3} \;\leftarrow 数据个数$$

$$方差 = \frac{(数据① - 平均值)^2 + (数据② - 平均值)^2 + (数据③ - 平均值)^2}{数据个数}$$

$$= \frac{(9-10)^2 + (10-10)^2 + (11-10)^2}{3} = \frac{1+0+1}{3} = \frac{2}{3} \;\leftarrow 方差$$

$\uparrow$ 数据个数

是的，到这一步都是正确的，但如果要计算均方差，在最后一步不是除以数据个数，而是除以数据个数 −1，这样得出的就是均方差。样本方差的计算和普通方差（总体方差）一样，一般是除以数据个数。将抽出的数据设为 x_1、x_2……x_n（数据个数为 n），平均值设为 $\bar{x}$，则：

$$样本方差 = \frac{(x_1-\bar{x})^2 + (x_2-\bar{x})^2 + (x_3-\bar{x})^2 + \cdots\cdots + (x_n-\bar{x})^2}{n}$$

$$均方差 = \frac{(x_1-\bar{x})^2 + (x_2-\bar{x})^2 + (x_3-\bar{x})^2 + \cdots\cdots + (x_n-\bar{x})^2}{n-1}$$

我一点也没听明白。为什么均方差要除以 $n-1$ 呢？

我们的目的并不是知道样本的平均值、样本的方差等于多少，我们只是通过样本的平均值等来推测总体的平均值、方差、标准偏差等。事实上我们发现，用样本方差（除以数据个数 n）

来推测总体方差的话，会得到一个偏小的值。

但是，如果使用除以数据个数 n−1 的均方差来推测的话，会和总体方差一致。均方差和总体方差一致这一点在数学领域已经被证明，这是相当难的内容。如果想了解的话，可以在网络上查找，或者翻阅相关专业书籍。对了，用于推测总体特征的样本数据，叫作推测值。从这个意义上来说，样本平均值和均方差都是推测值，而样本方差不是推测值。

原来如此，在"以样本为基础调查并推理总体特征"这方面，均方差有着很重要的意义。我有一个疑问，样本标准偏差是根据样本方差计算出来的，还是根据均方差算出来的？

关于这一点，根据使用的人或文献而有所不同[①]。究竟是哪一种，还要根据使用的人或者场合，视情况而定。

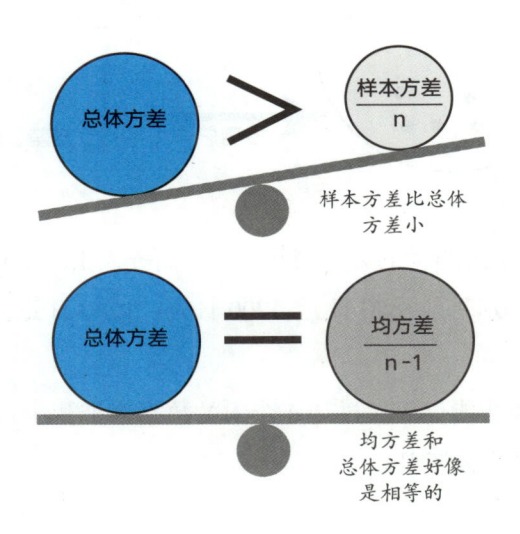

总体方差 > 样本方差/n

样本方差比总体方差小

总体方差 = 均方差/(n−1)

均方差和总体方差好像是相等的

[①] 本书中，根据样本方差中计算出的标准偏差称为样本标准偏差，根据均方差中计算出来的标准偏差称为均标准偏差。

3 点推测是否准确?

俗话说,熟能生巧。让我们趁热打铁试着推测一下总体的平均值吧。怎样才能根据样本数据得出总体的平均值和方差呢?首先要做的是点推测。

▶ **想知道午餐费的平均金额**

假设现在想知道全日本所有商务人士午餐费的平均金额。日本所有商务人士的数据无法全部收集到,那么只能用若干人的样本来代替。

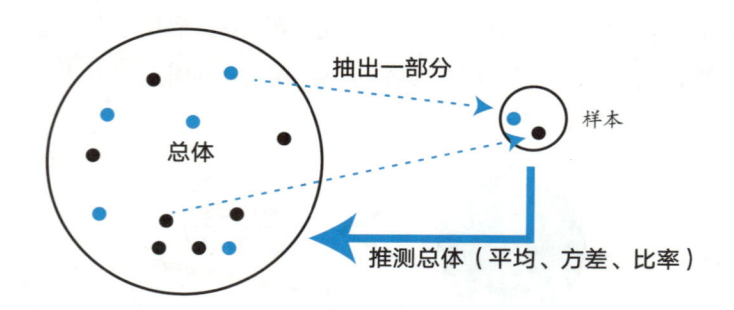

于是,用随机抽样[①]的方法询问了 4 位商务人士的午餐费[②],得到的回答分别是:370 日元、650 日元、700 日元、1080 日元,平均值正好是 700 日元。

那么,怎样才能仅仅通过这 4 个人的数据来推测全日本所有商务人士的午餐费的平均金额呢?

[①] 随机抽样也被称为任意抽样,是没有侧重的抽样方法之一。排除人的主观性,从总体中随机选择样本。

[②] 当然,实际上不可能只取 4 个人这么少的样本,这里只是为了简单化,用极少的样本来举例。

370 日元

650 日元

700 日元

1080 日元

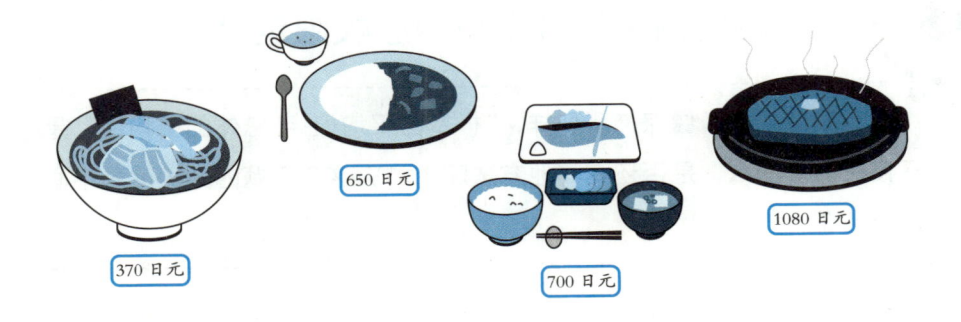

▶ 点推测究竟是否准确

仅仅根据 4 个人的数据来推测全日本所有商务人士的情况，这是根本不可能的。但如果无论如何只能收集到 4 个人的数据，那么，也只好以此为依据来考虑了。

有一种方法是，认为"4 个人的平均金额正好与总体平均金额一致（700 日元）"。这种简单的推测方法叫作点推测。

> 认为 1 点恰好命中，这叫作点推测。

只是，如果知道总体是呈正态分布的话，点推测也能有相应的解释。但如果完全不知道总体的分布情况，点推测就面临着相当严峻的挑战。

对于点推测，有针对一定幅度、一定区间进行推测的方法。这种推测方法叫作区间推测。进行区间推测之前，我们需要用到中心极限定理。

4 平均值的平均分布与中心极限定理

一般情况下，像点推测那样，"样本的平均值 = 总体的平均值"是不存在的。那么，是否还有其他方法呢？解决这个问题的关键就是中心极限定理。

▶ 样本的平均值每次都不同

假设现在 A 从苹果树上摘了 10 个苹果，并称出它们的重量，计算出平均重量是 300g。

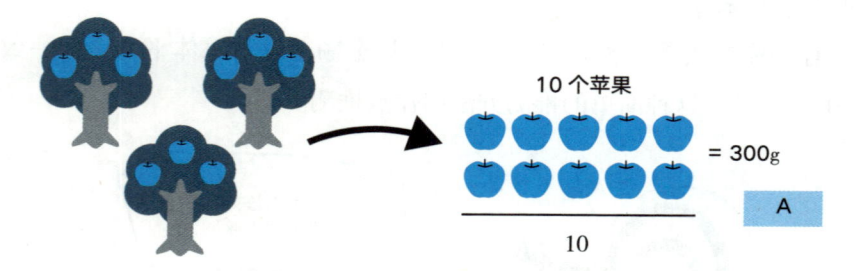

接下来 B 同样摘了 10 个苹果，它们的平均重量可能不是 300g，而是 320g。C 摘的苹果的平均重量是 290g，D……当然，10 个苹果的平均重量本就应该每次不同。

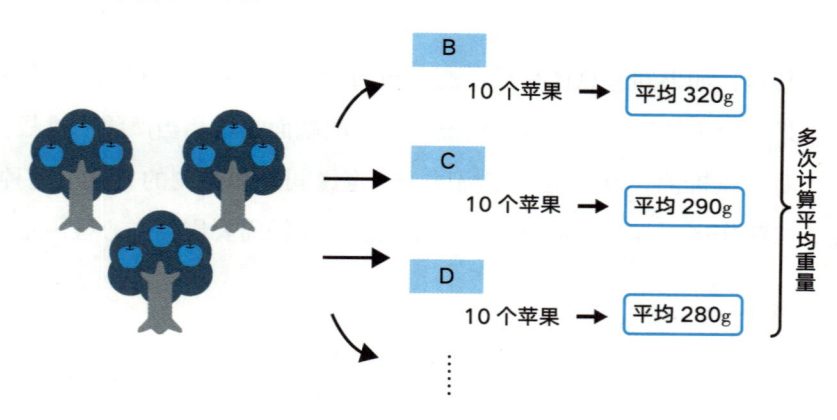

像这样，一次次地计算每 10 个苹果的平均重量，随着样本的变化，样本平均值也在变化。

这些"平均值的分布"，大概会像下面的直方图那样。请注意，这不是像以前看到的"每个数据的分布"，而是"平均值的分布"。

那么，这"10 个苹果的平均重量"的数量不断增加，可以预想，达到一定次数之后，图形会逐渐接近正态分布。

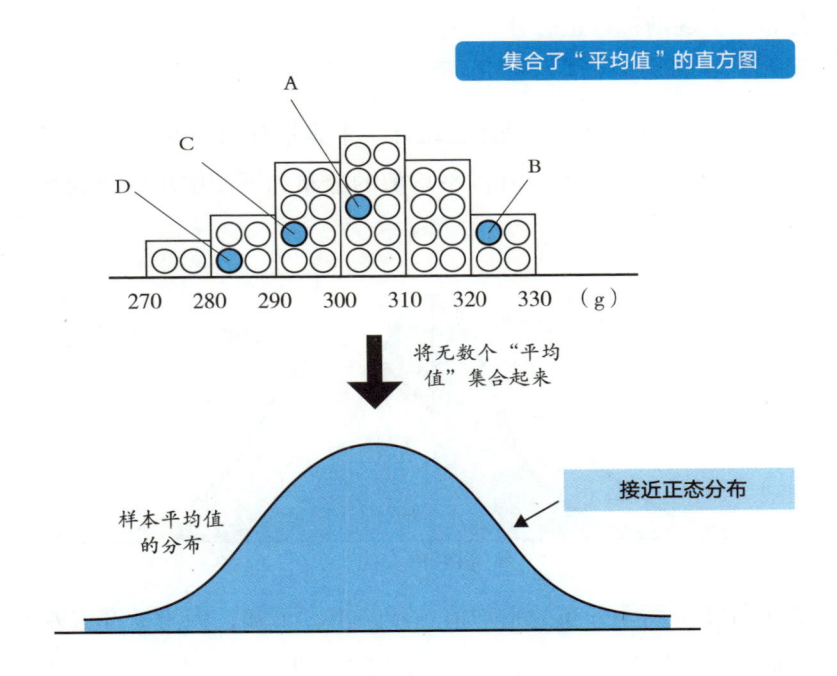

集合了"平均值"的直方图

将无数个"平均值"集合起来

接近正态分布

样本平均值的分布

▶ **样本平均值的分布**

这是收集了无数个 A、B 等人的"样本平均值"，调查其分布而形成的，叫作"样本平均值的分布"。样本平均值在本章第二节中被记作 $\overline{X}$ 所以也叫作"样本平均值 $\overline{X}$ [①]的分布"从这个样本平均值 $\overline{X}$ 的分布中，

[①] $\overline{X}$ 读音：X bar

可以得知以下几点：

> ①"样本平均值 $\overline{X}$ 的分布的平均值"与"总体平均值（μ）"一致。
>
> ②"样本平均值 $\overline{X}$ 的分布的方差"是 $\dfrac{\sigma^2}{n}$（标准偏差是 $\dfrac{\sigma}{\sqrt{n}}$）（σ 是总体的标准偏差）。
>
> ③无论总体如何分布，随着样本数 n 的增加，"样本平均值 $\overline{X}$ 的分布"会逐渐接近正态分布。

这就是中心极限定理，是推论统计学中非常有用的定理。

从①、②、③中来看，样本平均值的分布如下图中用蓝色表示的图形所示。

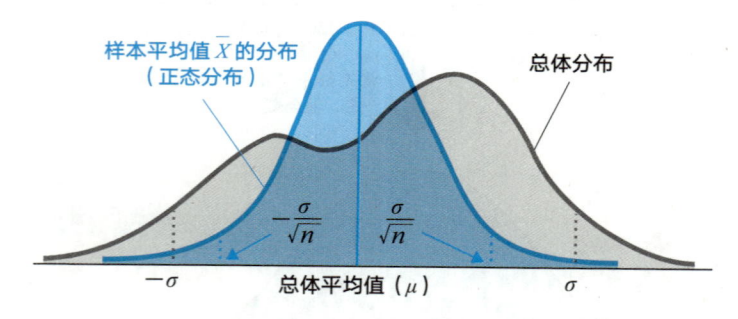

由①可知，两个分布的平均值一致，由②可知，因为标准偏差（方差）不同，两个图形的形状不同，由③可知，即使总体分布再乱，"样本平均值 $\overline{X}$ 的分布"都是正态分布。

并且，从②可知，即使不知道样本平均值 $\overline{X}$ 的分布的标准偏差，只要知道总体的标准偏差，就能用 $\dfrac{\sigma}{\sqrt{n}}$ 表示出来。

5 用区间表示的区间推测

像总体平均值等"在 ×× 日元 ~×× 日元之间"这样用区间表示的区间推测，究竟是怎样的概念呢？下面，让我们一起来看一看通过区间推测计算总体平均值的方法吧。

▶ 使用中心极限定理的变形版本

点推测是限定了例如"700 日元"这样的一点。还有一种方法叫作"区间推测"，推测一定的可能性和区间，例如"有 95% 的可能性为 550 日元 ~ 900 日元"。在平均值的区间推测中，基本理论就是前面所述的中心极限定理。

中心极限定理的③中有这样的表述"无论总体如何分布……"而如果知道总体呈正态分布，则"不受样本 n 的数量影响（也就是说，少量样本数也可以）"，这是一个更为便利的性质。我们将使用该性质。

依然用前面 4 个人的例子进行说明，并且使用上述的性质（总体呈正态分布），计算①总体平均值（商务人士午餐费的平均金额）。

▶ 描绘午餐费的样本分布

前文提到的正态分布，都优先以整数倍的 σ 来进行思考，例如 2σ（2 标准偏差）、3σ（3 标准偏差）。但是，2σ=95.45%，将 σ 作为整数来使用的话，就会导致存在尾数，会造成不便。

所以在商务场合，一般采用"95%""99%"这样的值。它们分别对应 1.96 和 2.58。

$$95\% \rightarrow 1.96\sigma \qquad 99\% \rightarrow 2.58\sigma$$

这里，从上节①得知，针对午餐费，样本平均值 $\overline{X}$ 的分布的平均值（正中间的蓝线）和总体平均值一致，从②得知，因为样本的标准偏差可以用 σ 代替，会形成如下图形。

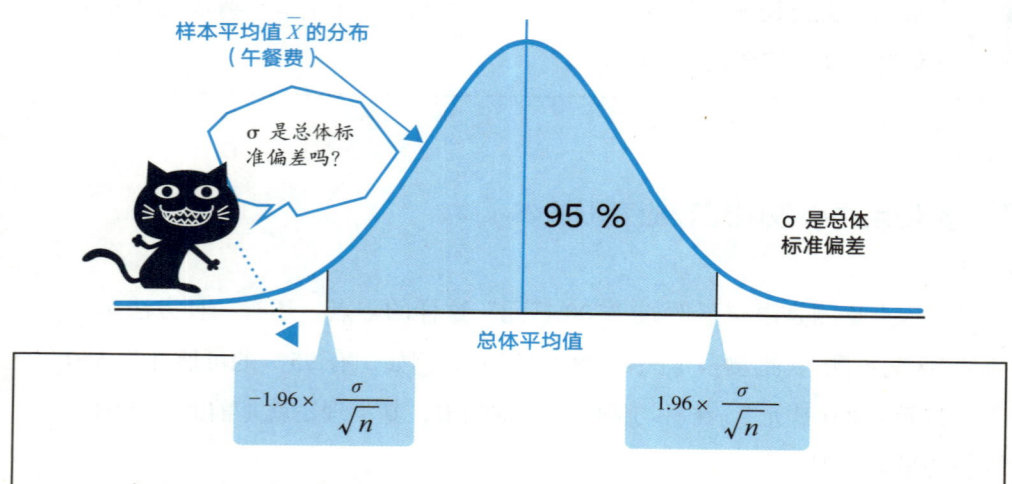

样本平均值 $\overline{X}$ 的分布
（午餐费）

σ 是总体标准偏差吗？

95 %

σ 是总体标准偏差

总体平均值

$-1.96 \times \dfrac{\sigma}{\sqrt{n}}$

$1.96 \times \dfrac{\sigma}{\sqrt{n}}$

在这里，就像图中的黑猫注意到的那样，因为还不知道总体的标准偏差，所以暂且假设为 400 日元。根据该图形，如果本次 4 个人午餐费平均金额（700 日元）有 95% 的可能性进入这个区间的话，就可以从上图计算得出：

$$\text{总体平均值} - 1.96 \times \dfrac{\text{标准偏差}}{\sqrt{\text{数据个数}}} \leqslant \text{样本平均值} \leqslant \text{总体平均值} + 1.96 \times \dfrac{\text{标准偏差}}{\sqrt{\text{数据个数}}}$$

（可能性为 95% 的时候代入 1.96，为 99% 时候代入 2.58）

将上述公式分为以下的（1）和（2）。

$$\text{总体平均值} - 1.96 \times \dfrac{\text{标准偏差}}{\sqrt{\text{数据个数}}} \leqslant \text{样本平均值} \cdots\cdots (1)$$

样本平均值 ≤ 总体平均值 +1.96× $\frac{标准偏差}{\sqrt{数据个数}}$ ……（2）

（1）（2）分别进行移项，得到

总体平均值 ≤ 样本平均值 +1.96× $\frac{标准偏差}{\sqrt{数据个数}}$ ……（3）

总体平均值 ≤ 样本平均值 −1.96× $\frac{标准偏差}{\sqrt{数据个数}}$ ……（4）

根据（3）（4）可以得到以下公式。

$$样本平均值 -1.96 \times \frac{标准偏差}{\sqrt{数据个数}} \leq 总体平均值 \leq 样本平均值 +1.96 \times \frac{标准偏差}{\sqrt{数据个数}}$$

此时，将样本平均值＝700日元、标准偏差（总体标准偏差）＝400日元、数据个数＝4代入并计算：

$$700-1.96\times\frac{400}{\sqrt{4}} \leq 总体平均值 \leq 700+1.96\times\frac{400}{\sqrt{4}}$$

由于太复杂，因此分开计算：

总体平均值 ≥ 700−1.96× $\frac{400}{\sqrt{4}}$ ＝700−1.96×200＝700−392＝ 308日元

总体平均值 ≤ 700+1.96× $\frac{400}{\sqrt{4}}$ ＝700+1.96×200＝700+392＝ 1092日元

308日元 ≤ 总体平均值 ≤ 1092日元

这样，就可以算出日本商业人士（总体）的午餐费的平均金额有95%的概率在308日元~1092日元之间。

推测出日本全体商务人士午餐费平均值在 308 日元 ~ 1092 日元之间（95%）

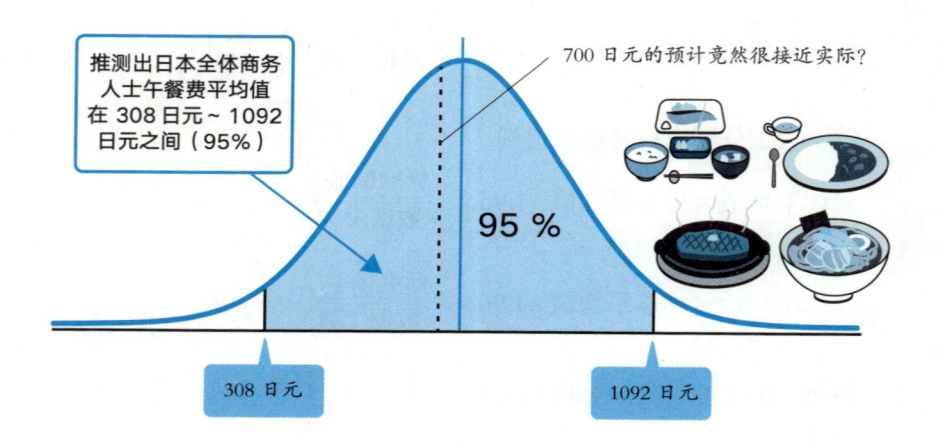

700 日元的预计竟然很接近实际?

95 %

308 日元　　　1092 日元

　　这里使用的前提条件是："总体为正态分布""事前知道总体标准偏差"这两点。

6 如果样本数足够多，会发生怎样的变化？

前面只考虑了 4 个人的午餐费数据。如果将数据增加到 40 人、400 人的话，区间推测会发生怎样的变化呢？

当你知道了总体呈正态分布，也知道总体标准偏差时，可以使用之前的公式做"总体平均值的区间推测"。再复习一遍公式。1.96 是在概率为 95% 的时候"××日元~××日元"的数值。

样本平均值 $-1.96 \times \dfrac{标准偏差}{\sqrt{数据个数}} \leq$ 总体平均值 $\leq$ 样本平均值 $+1.96 \times \dfrac{标准偏差}{\sqrt{数据个数}}$

这个公式对区间推测很有帮助，但是不好记呢。有什么记忆方法吗？

如果没记住公式，也可以想一想，它占图表 95% 的范围。只需要用标准偏差除以 $\sqrt{数据个数}$ 就可以了。

原来如此，即使记不住公式，想想这个图形就可以了。

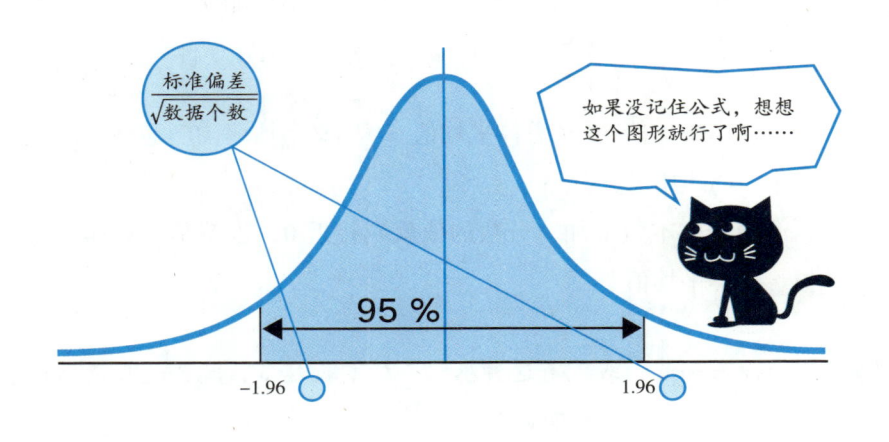

$\dfrac{标准偏差}{\sqrt{数据个数}}$

95 %

−1.96　　1.96

如果没记住公式，想想这个图形就行了啊……

第五章　通过样本，推测总体的特征

〈例题〉推测全体日本商务人士午餐费的平均值。分别问询了 4 人、40 人、400 人，平均值都是 700 日元。总体（为正态分布）的标准偏差也和之前一样为 400 日元。在概率 95% 的情况下推测日本全体商务人士午餐费的平均金额的区间，当数据个数为 4 人、40 人、400 人时，会怎样变化？

只是样本数量发生了变化，除此之外什么都没变。我试着用 Excel 计算了一下，结果是这样的：

	A	B	C	D	E	F	G	H	I	J	K
1	■概率 95% 时的区间										
2	4 人时			区间	40 人时			区间	400 人时		区间
3	样本平均值	700		308	样本平均值	700		576	样本平均值	700	661
4	（总体）标准偏差	400		~	（总体）标准偏差	400		~	（总体）标准偏差	400	~
5	数据个数		4	1092	数据个数		40	824	数据个数	400	739

因为看起来不太方便，我把结果从 Excel 中提取出来如下：
- 4 人时………308 日元 ~ 1092 日元（参考）
- 40 人时…… 576 日元 ~ 824 日元
- 400 人时……661 日元 ~ 739 日元

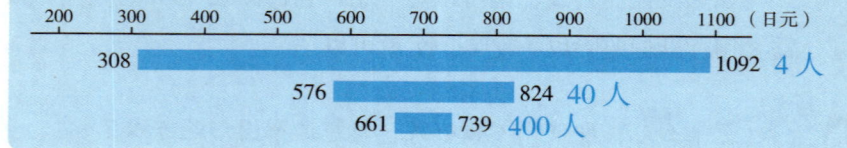

```
200   300   400   500   600   700   800   900   1000   1100  （日元）
308                                                    1092   4人
              576                   824                        40人
                    661      739                               400人
```

果然，增加数个数，区间也会缩小。看下面的公式

$$1.96 \times \frac{\text{标准偏差}}{\sqrt{\text{数据个数}}}$$ ← 分母越大，分数的值越接近 0

样本平均值 $-0 \leq$ 总体平均值 $\leq$ 样本平均值 $+0$ ➡ 总体平均值 ≈ 样本平均值

随着样本数增加，分数的值就越接近 0，也就是"总体平均值 ≈ 样本平均值"。

原来如此，我也有这种感觉，样本数越多，就会越接近总体平均值，看了公式就明白了。

7　99% 可信度时的区间推测

因为我们已经推测出当概率为 95% 时,"总体的平均值在这个范围内"。接下来让我们将概率提高到 99% 来看一看吧？

顺便也计算一下概率为 99% 时的情况吧。体验一下略微不同的模式,可以增长经验和信心。

是的。将区间推测的概率从 95% 提高到 99%,只需要将公式中的 1.96 倍（95% 时）变为 2.58 倍（99% 时）就可以了。现在我们确认一下图表。

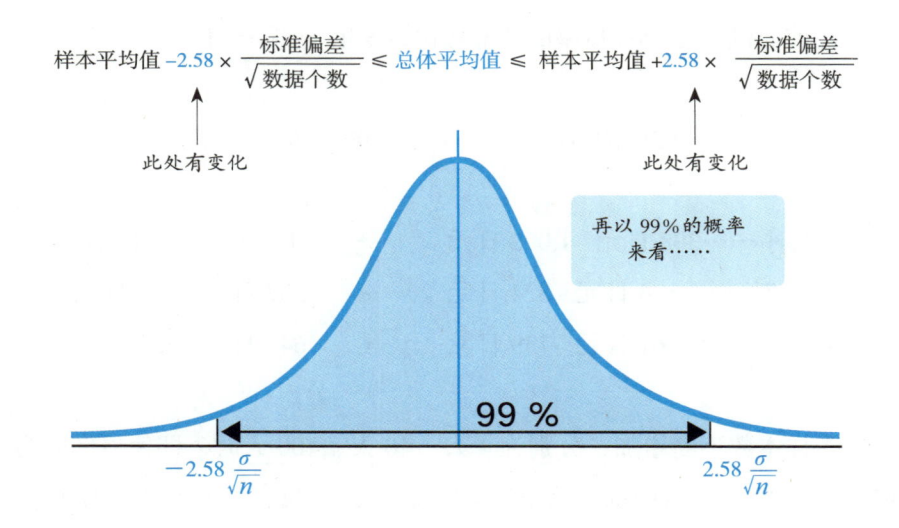

$$样本平均值 - 2.58 \times \frac{标准偏差}{\sqrt{数据个数}} \leq 总体平均值 \leq 样本平均值 + 2.58 \times \frac{标准偏差}{\sqrt{数据个数}}$$

此处有变化　　　　　　　　　　　　　　此处有变化

再以 99% 的概率来看……

99 %

$-2.58 \frac{\sigma}{\sqrt{n}}$　　　　　$2.58 \frac{\sigma}{\sqrt{n}}$

例题：推测日本全体商务人士午餐费的平均值。样本数分别为 4 人、40 人、400 人时,三种情况的平均值都是 700 日元,并且总体（为正态分布）的标准偏差也都是 400 日元。请推测概率为 99% 时的区间。

条件和之前完全相同,只是概率从 95% 变为 99%。计算公式如下:

$$样本平均值 - 2.58 \times \frac{标准偏差}{\sqrt{数据个数}} \leq 总体平均值 \leq 样本平均值 + 2.58 \times \frac{标准偏差}{\sqrt{数据个数}}$$

代入以下值:

· 样本平均值 = 700 日元
· 总体标准偏差 = 400 日元
· 数据个数(样本数)= 4 人、40 人、400 人这 3 种模式

用 Excel 计算,得出以下结果:

	A	B	C	D	E	F	G	H	I	J	K
1	■概率 99% 时的区间										
2	4 人时		区间		40 人时		区间		400 人时		区间
3	样本平均值	700	184		样本平均值	700	537		样本平均值	700	648
4	(总体)标准偏差	400	~		(总体)标准偏差	400	~		(总体)标准偏差	400	~
5	数据个数	4	1216		数据个数	40	863		数据个数	400	752

与前面概率为 95% 概率的情况相比,发生了如下变化:

(95% 的概率)　→　(99% 的概率)

4 人时 ……308 日元 ~1,092 日元　→　184 日元 ~1216 日元
40 人时 ……576 日元 ~824 日元　→　537 日元 ~863 日元
400 人时……661 日元 ~739 日元　→　648 日元 ~752 日元

当样本数不断增加,分别为 4 人、40 人、400 人时,即使概率同为 95%(或 99%),区间都会缩小(集中)。与之相反,当概率从 95% 提高到 99% 时,区间扩大。

像这样的 95% 和 99% 的概率,叫作"可信度",这时的区间叫作"可信区间"(参照下图)。

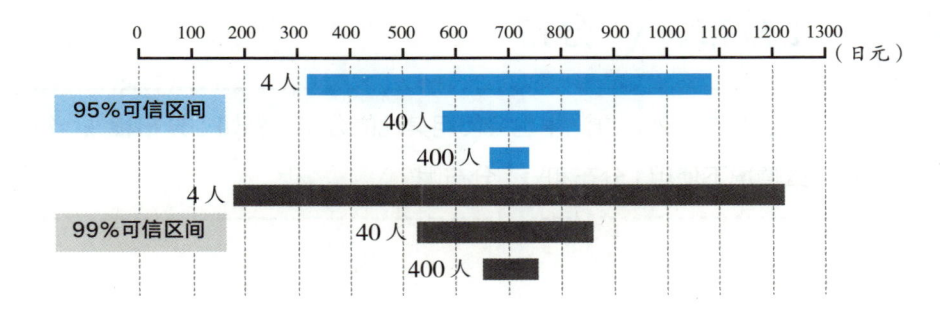

请看上图，这次取得了 4 个人的数据（370 日元、650 日元、700 日元、1080 日元），下一次，再取另外 4 个人的数据（比如，430 日元、600 日元、860 日元、920 日元），再一次，再取 4 个人的数据（520 日元、770 日元、810 日元、1020 日元），像这样多次取得数据，计算出各自 95%（或者 99%）的可信区间。

因此，在取得了很多样本平均值之后，可以预想，通过区间推测而得出的多个可信区间中，其中约有 95%"包含总体平均值（μ）"，约有 5% 在"总体平均值"以外。

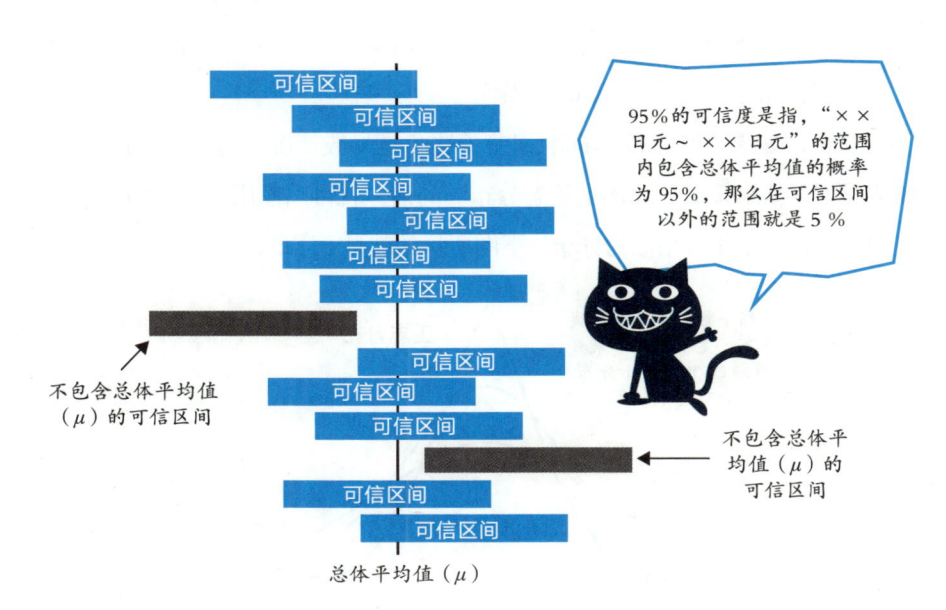

95% 的可信度是指，"××日元～××日元"的范围内包含总体平均值的概率为 95%，那么在可信区间以外的范围就是 5%

8 t 分布、χ² 分布

除了正态分布之外，推测中也会使用其他的分布，例如 t 分布和 χ² 分布。在什么情况下使用 t 分布和 χ² 分布呢？

前面介绍了根据样本数据的平均值推测总体平均值的方法。即使样本数量很少，只要总体呈正态分布，并且知道标准偏差（总体标准偏差），就能通过"样本平均值的分布"进行区间推测，得出"有 95% 的概率在 ×× ~ ×× 的范围内"（也有 5% 的可能性不在该范围内）。

▶ t 分布

但此时有一个大前提：知道"标准偏差（总体标准偏差）"。想来不可思议，"连总体平均值都不知道，却能知道总体标准偏差是多少？这是为什么呢？"难道不应该先知道总体平均值之后，才能根据总体平均值计算出总体方差和总体标准偏差吗？

那么，如果不知道总体标准偏差（这才是一般情况），该怎么办？在这种情况下，如果知道"总体呈正态分布"的话，就可以使用 t 分布。t 分布是一种和正态分布非常相似的分布。下图所示的就是 t 分布。

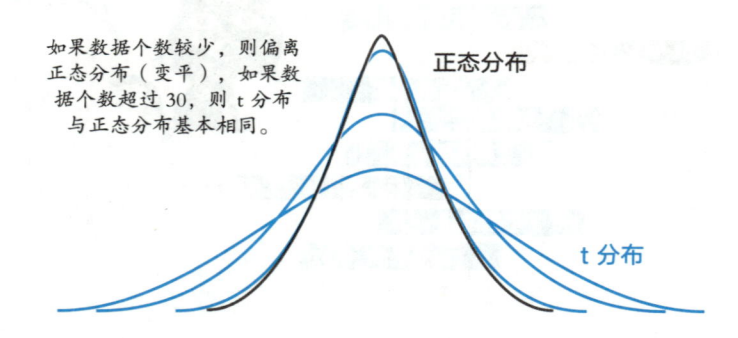

如果数据个数较少，则偏离正态分布（变平），如果数据个数超过 30，则 t 分布与正态分布基本相同。

正态分布

t 分布

如果数据个数不超过 30，则 t 分布相比正态分布形状稍微扁平；如果数据个数超过 30，t 分布与正态分布基本相同。

关于 t 分布的内容，本书中基本不涉及。像之前那样，即使不知道总体标准偏差、样本数量很少，但总体呈遵循正态分布（t 分布）的话，在推测总体平均值的时候（可信区间），步骤和之前的基本一致。

▶使用 χ^2 分布推测总体方差

前面只介绍了推测总体平均值。此外，推测总体方差时，使用 χ^2 分布（阶、自乘）的分布。

正态分布和 t 分布等的图形是左右对称的，而 χ^2 分布的图形类似于幂律分布。

本书不具体涉及 t 分布、χ^2 分布等，不过，其流程和前面所说的大致一样。

9 如何推测收视率

相信大家已经掌握了根据样本推测总体平均值的方法。接下来，我们要挑战的是总体比率。这里以收视率为例来思考。

在电视行业，收视率的竞争非常激烈，据说，收视率相差 1%，就会引起从业人员的喜或忧。考虑到日本的家庭总数（5,100 万户），相差 1% 就意味着 51 万户的差别，这对于赞助商而言有着重要的意义。

但是，即便是首都圈（1,800 万个家庭）的收视率，也不过是以其中的 900 户为基础得出的推测值。从 1,800 万户中取 900 户，此时，收视率的精确度（误差）是多少？在思考收视率的同时，我们也来了解一下问卷调查究竟需要收集多少回答数。

▶ **调查收视率为 10% 时的误差是多少？**

收视率可以通过下列公式计算得出（概率 95% 的区间推测）。在这里，p 是根据调查得出的收视率，n 为抽选家庭的户数。

$$p - 1.96 \times \sqrt{\frac{p(1-p)}{n}} \leqslant 收视率 \leqslant p + 1.96 \times \sqrt{\frac{p(1-p)}{n}}$$ [1]

并且，收视率的误差（样本误差）为上面公式除去 p 的部分。

---

[1] 该公式的根部分，原本是以下形式：

$$\sqrt{\frac{N-n}{N-1} \times \frac{p(1-p)}{n}}$$（N 为总体数量、n 为抽出的样本数量）

总体数量为 100,000、样本数量为 100 时，左侧分数部分接近 1，因此，通常忽略乘号左侧，仅使用乘号右侧的部分。

$$-1.96 \times \sqrt{\frac{p(1-p)}{n}} \leq 样本误差 \leq +1.96 \times \sqrt{\frac{p(1-p)}{n}}$$

现在，假设调查的家庭数（首都圈等）为 900 户，$n=900$。

根据调查得出收视率为 10%、15%、20%，将其带入公式，通过 Excel 计算得出下图所示结果。

	A	B	C	D	E	F
1	■计算收视率					
2	900 个家庭时		调查收视率	区间推测		
3	n=	900				
4	p=	0.1	10%	8.04	~	11.96
5	p=	0.15	15%	12.67	~	17.33
6	p=	0.2	20%	17.39	~	22.61
7						
8	600 个家庭时		调查收视率	区间推测		
9	n=	600				
10	p=	0.1	10%	7.60	~	12.40
11	p=	0.15	15%	12.14	~	17.86
12	p=	0.2	20%	17.39	~	22.61

这样来看，当调查的家庭数为 900 户时，如果通过调查得知收视率为 10%，那么概率 95% 的实际收视率（总体）的可信区间为 8.04～11.96。从调查得出的 10% 的收视率来看，上下浮动不到 2 个百分点。

并且，截至 2016 年 10 月，关东地区是以 600 户家庭为调查对象的。[1] 那么，与之进行比较，同样的调查得出 10% 的收视率，则概率 95% 的可信区间为 7.60～12.40，改善了约 0.4 个百分点。

▶ 收视率 13% 和 15%，有逆转的可能性吗？

下面来看 900 户家庭的例子。A 电视台的节目 X 的收视率为 15%，

---

[1] 以 VIDEO RESEARCH 社为例。

B 电视台的节目 Y 的收视率为 13%，包含可信区间在内一同考虑，在现实中，有可能实现逆转。

分别以 15% 和 13% 来计算，得知收视率在下图范围内的概率为 95%。这样来看，重叠部分大得出乎意料，即使调查的收视率只有 2% 的差异（15%-13%），实际图中可以读出是"误差的范围"。

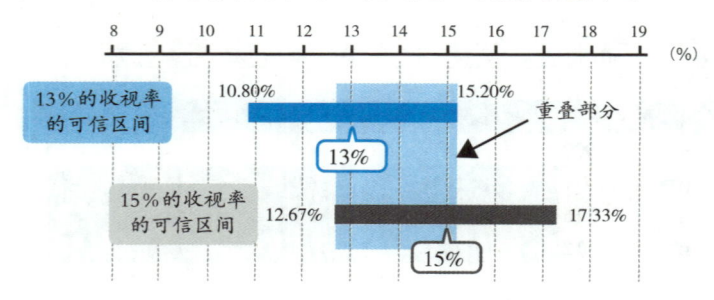

```
                8    9    10    11    12    13    14    15    16    17    18    19
                                                                              (%)
                                 10.80%                    15.20%
  13%的收视率                                                        重叠部分
  的可信区间                              13%

  15%的收视率                      12.67%                               17.33%
  的可信区间                                          15%
```

▶ 误差是由什么决定的？

调查收视率的公式中有这样一部分：

$$\sqrt{\frac{\bullet\bullet\bullet}{n}}$$

n 如果不是 900，而是其 100 倍的 9 万户的话，那么 $\sqrt{}$ 部分放到外面，变为 10 倍。例如，调查对象为 9 万户家庭，调查收视率为 10% 时可信区间为"9.80% ~ 10.20%"，误差一下子就缩小了。这样可以算是几乎没有误差了。

	A	B	C	D	E	F
1	■计算收视率					
2	90,000 个家庭时		调查收视率	区间推测		
3	n=	90000				
4	p=	0.1	10%	9.80	~	10.20
5	p=	0.15	15%	14.77	~	15.23
6	p=	0.2	20%	19.74	~	20.26

10 问卷调查的回答数量要多少才好？

在做问卷调查的时候，我们最关心的问题就是"应该收集多少份回答，究竟有多高的可信度"。这个时候就要用到样本误差。

▶是比率，还是实际数量？

首先来看收视率的问题。

> 例题：现在 X 国有 1,000 万户家庭，针对 1,000 户调查了收视率。Y 国有 6,000 万户家庭，针对 1,200 户调查了收视率。哪国的收视率的误差比较小呢？

X 国针对 1,000 万户家庭调查了 1,000 户的收视率（1 万户家庭中调查 1 户），Y 国针对 6,000 万户家庭调查了 1,200 户的收视率（5 万户家庭中调查 1 户），凭感觉来看，好像 X 国的误差会更小一点。

可实际上，通过计算可以得知，Y 国的误差反而更小。

这是为什么呢？

因为是讨论收视率，这里也可以参考前面的公式（174 页的样本误差）。可以发现，变量只有调查的家庭户数（n）及其收视率（p）。

$$-1.96 \times \sqrt{\frac{p(1-p)}{n}} \leq 样本误差 \leq +1.96 \times \sqrt{\frac{p(1-p)}{n}}$$

也就是说，不管是像新西兰那样的只有 133 万户家庭的小国，还是像日本这样拥有 5,100 万户家庭的大国，甚至像中国那样拥有 27,700 万户家庭的超级大国，误差和这个国家的总家庭数没有关系。误差是由"被调查家庭的数量"决定的。

▶ 由回答数而非回答率决定

不仅收视率，调查问卷的回收也是一样，与总体的比率基本无关。

序章中提到，日本约有 400 万家公司。如果有 400 家公司提交了调查问卷，那么不管总体是 400 万家公司，还是 30 万家公司都无所谓。若调查问卷的结果是 15%（对应 15% 的调查收视率），其误差取决于 400 家公司（对应调查收视率中的 900 户家庭）。如果结果是 10%，其误差正负不到 3 个百分点。如果提交调查问卷的公司数量增加到 800 家，那么误差在正负 2 个百分点左右（见下表）。

	A	B	C	D	E	F
1	■计算调查问卷的误差					
2	400 个回答时		收视率		区间推测	
3	n=	400				
4	p=	0.1	10%	7.06	~	12.94
5	p=	0.15	15%	11.50	~	18.50
6	p=	0.2	20%	16.08	~	23.92
7						
8	800 个回答时		收视率		区间推测	
9	n=	800				
10	p=	0.1	10%	7.92	~	12.08
11	p=	0.15	15%	12.53	~	17.47
12	p=	0.2	20%	17.23	~	22.77

数学公式看起来十分烦琐，不过，如果能带着兴趣去看，会发现一些意想不到的点。

过去，笔者曾经每个月都在《数据杂志（月刊）》上做问卷调查，大概会有 350~800 家公司做出回答。有一段时期，我也在想"根据这些数据进行分析，应该不会有很大的误差吧？"当时，我并不知道应该收集多少数据才合适，也不知道根据这些数据判断的结果有多少可信度。如果当时的我已经掌握了这些知识，也许就不会感到不安，可以更自信地进行数据分析了。

学生的 t 分布

　　t 分布（学生氏分布）是由英国的威廉·西利·戈塞（1876～1937）于 1908 年发现的。

　　当时戈塞在吉尼斯啤酒公司（也是因吉尼斯纪录为人所熟知的吉尼斯公司）工作。公司为了保密，禁止员工发表论文。为此，戈塞用"学生（Student）"这个笔名发表论文。看到了这个论文的重要性的是英国的统计学家费歇尔，t 分布（学生氏分布）也是由他命名的。

戈塞

　　做统计的时候，能够收集所有的数据可能是最好的，但这是不现实的。所以，略逊一筹的策略是尽可能收集更多的样本。这么说是因为可以预想到"样本越多，就越接近原本所有的数据（总体）"。比起 20 个数据，500 个数据可靠性越高，比起 500 个数据 20,000 个数据可靠性越高。

　　19 世纪末，英国的统计学家卡尔·皮尔逊也认为："收集大量数据是分析不可或缺的。"

　　但是，去过皮尔逊研究室的戈塞（仍然隶属吉尼斯啤酒公司）持有略微不同的意见，他关心的是"如何依靠少量数据中进行科学估计"。

　　由此提出的就是 t 分布。t 分布就像下页所示的图那样，是接近正态分布的曲线，但是有点微妙的不同。t 分布是即便只有很少的数据也能使用的概率分布曲线，数据量少的时候，使用 t 分布代替正态分布，而数据量大的时候，从实用性上来讲，t 分布和正态分布没什么差别。

　　比较两个的图形可以知道，数据量在 30 个左右的时候，t 分布和正态分布大致相同。之后，数据量越多，两者越一致。

　　但是，就像刚才所说的那样，戈塞考虑的是"如何依靠少量数据中进行科学估计",而皮尔逊认为"收集大量数据才是重要的"。两人的方向不一致,皮尔逊并没有评价戈塞的理论和论文。

但是有点讽刺的是,注意到戈塞论文优秀的是皮尔逊的对手费歇尔。

最后,来介绍一下费歇尔的评价:

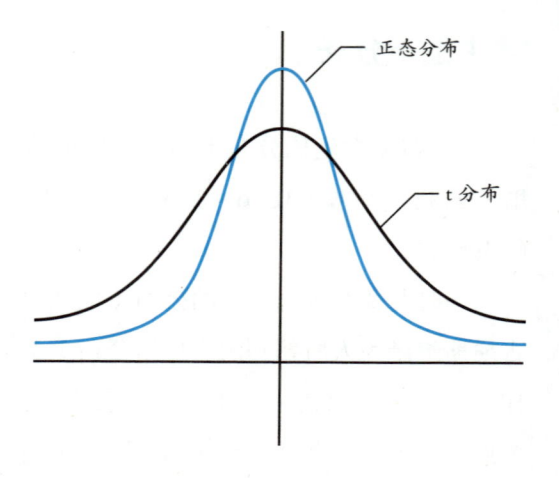

　　t 分布的创始人用"student"这个假名发表了这篇论文,尽管他不是一个专业的数学家而是一个科学的研究者,但是他年纪轻轻就对古典的误差论完成了革命性的精密化,展示了他的优秀。

第六章

建立假设，通过概率来判断是否正确

推论统计学的第二大支柱便是验证假设。它的思维方式和逻辑有着独特而难以理解的一面，因此，本章中几乎不涉及计算，而是主要介绍其理论和思维方式。

本章的内容对我们的日常生活能有所帮助，比如掌握验证假设的思考方法和弥补因为忽略验证而造成的损失等。

1 验证假设是从红茶女士开始的吗？

在序章里我提到了一位女士能够分辨奶茶味道的故事，这位女士能够分辨奶茶是"先加红茶，后加牛奶"还是"先加牛奶，后加红茶"。

▶ **先加红茶还是先加牛奶——原文中是怎么写的？**

在统计学领域里，红茶女士故事广为熟知。与此同时，这也是在思考验证假设时的一个典型的例子。从这个意义上来说，我认为有必要重读红茶女士的故事。

话说回来，"这位女士有没有分辨不同味道的能力"这一点似乎也很重要，不过，原本重点就不在那儿。当然了，"到底哪种奶茶的味道更好"之类的问题则取决于个人喜好。

问题在于，"如何客观地判断该女士的话是真是假的方法"（从这个角度来讲，也许最终能分辨出味道的不同）。

重要的是，从原文里寻找答案。以下是其原文：

> II
> THE PRINCIPLES OF EXPERIMENTATION, ILLUSTRATED BY A PSYCHO-PHYSICAL EXPERIMENT
>
> **5. Statement of Experiment**
>
> A LADY declares that by tasting a cup of tea made with milk she can discriminate whether the milk or the tea infusion was first added to the cup. We will consider the problem of designing an experiment by means of which this assertion can be tested. For this purpose let us first lay down a simple form of experiment with a view to studying its limitations and its characteristics, both those which appear to be essential to the experimental method, when well developed, and those which are not essential but auxiliary.
>
> Our experiment consists in mixing eight cups of tea, four in one way and four in the other, and presenting them to the subject for judgment in a random order

"有位女士坚定地认为，只要自己尝一口加了牛奶的红茶，就能分辨出牛奶和红茶哪个先倒入了茶杯中。我们来思考设计一个能检验她说法的一个实验吧。为此，以研究实验的局限和特性为目的，决定最开始设想一个简单形式的实验。在正确进行实验的时候，这些局限和特性中，既有构成实验方法本质性的东西，也有并非本质而是辅助性的东西。"

▶第 1 幕——能持续猜中吗？

那么，我们来思考几个方法吧。前两个是笔者从常识的角度出发提出的方案。第三个方案会介绍费希尔自己的检验真假的方法。

首先想到的方法是，"这杯是红茶先放进去，这杯是牛奶先放进的"，像这样的，这位女士能够连续猜中多少杯呢？

随便乱猜正确率也有 1/2（50%）。因此，即使猜对了红茶的 1 杯或 2 杯（1/4）之类的，也实在难判定。不过，连续 3 杯都猜对的话：

$1/2 \times 1/2 \times 1/2 = 1/8$（12.5%）

正确率如上，还有 10% 以上的可能性（侥幸猜对）。但是连续 4 杯的话是 6.25%，连续 5 杯的话是 3% 多一点，不到 5%。

4 杯连续 ⋯ $1/2 \times 1/2 \times 1/2 \times 1/2 = 1/16$（6.25%）

5 杯连续 ⋯ $1/2 \times 1/2 \times 1/2 \times 1/2 \times 1/2 = 1/32$（3.125%）

到了这个程度，"如果是胡说八道的话，概率 5% 不到，也太少见了，她应该是真的能分辨味道的不同吧"，像这样，就会有人相信女士的话。

一般来说，通过红茶的味道就能分辨出"先放茶还是先放奶"，很难让人相信。但如果妇人每次都能搞中，人们就会相信她真的能分辨出来。

此时，先做一个对立的设定。也就是说，先假定"女士是在撒谎，她根本分辨不了"。但是，如果她连续几杯都能猜对的话，就能够得出"女士不能分辨"这个假定本身是错的，换言之"实际上女士能分辨"的结论是对的。

另外，所谓"罕见"是指多少的概率，并没有一个"科学的指标"，而是完全依靠人的感觉和行业情况等。如果判定的概率是"5%以下"的话，那么在红茶女士这个例子中，"侥幸猜对"的可能性在5%以下，以"5杯连对（3.125%）"的概率猜对的话，可以认为她说的是真的。

仔细想来，投掷一枚正反出现概率均为1/2的硬币（纯属偶然）。如果你认为"总是出现正面的硬币，就是造假的硬币"。这和红茶女士的故事是一个道理。

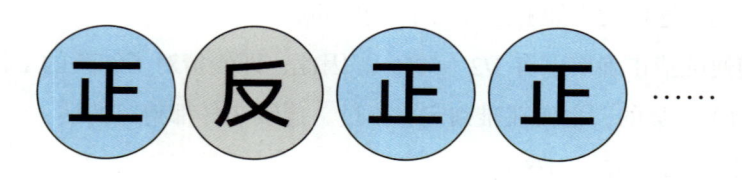

正 反 正 正 ……

▶第2幕——10次中如果能中9次的话呢？

"除了连续猜中"这个方法以外，就没有其他测试实力的方法了吗？常言道：人有失手，马有失蹄。明明真的有分辨味道的能力，但是偶然患上了感冒，感觉变迟钝了，偶尔失败1次也可以理解。

因此，比起"只要失败了1次就不行"这样的方法，不如采用在10次分辨味道中，"X次以上猜中的话就是真的"这样的认定方法。这样做，比"5次连续侥幸猜中"更能判定实力。比如，给出10杯红茶，计算女士分辨的次数（0次~10次），通过概率来判定。

这也和投掷硬币是一个道理。投掷了10次，正面1次都没有出现（0

次）的概率是 0.10%[①]，出现 1 次的概率是 0.98%，2 次是 4.39%……以相当于刚才提到的"5 次连续中"的"5% 以下"的概率来看的话，8~10 次是 5.47%，略高于 5%。因此，以这种方式来看，10 次之中，没有投中 9 次以上，就不能算是"5% 以内"的罕见概率，难度非常大（9 次以上，1.08%）。

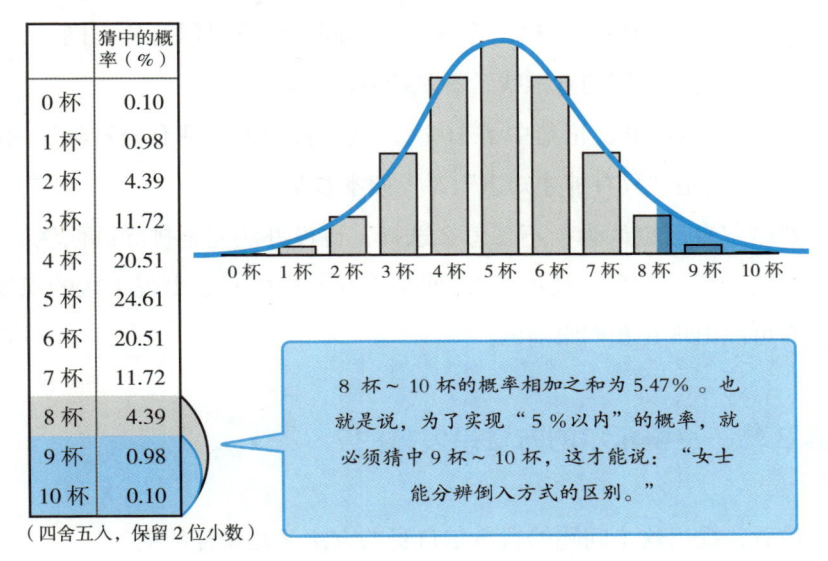

	猜中的概率（%）
0 杯	0.10
1 杯	0.98
2 杯	4.39
3 杯	11.72
4 杯	20.51
5 杯	24.61
6 杯	20.51
7 杯	11.72
8 杯	4.39
9 杯	0.98
10 杯	0.10

（四舍五入，保留 2 位小数）

8 杯~10 杯的概率相加之和为 5.47%。也就是说，为了实现"5% 以内"的概率，就必须猜中 9 杯~10 杯，这才能说："女士能分辨倒入方式的区别。"

最终的结果是，如果女士对于给出的 10 杯红茶，不能给出 9 杯以上的正确回答的话，就无法被认定"她知道先放进去了哪个"，也就是说，不被认定为所言为真。采用此方法，假设这位女士只是在胡乱地分辨，那么她如果想被认可，似乎需要有如神灵附身般的"幸运"。

▶ **不要事后出示"基准线"**

此外，如果像"猜对了很多就认可"这样暧昧不清地制定基准线的话，因为不同的人会有不同的理解方式，所以应当避免。

[①] 精确地说，0 次的概率是 0.09765625%，1 次的概率是 0.9765625%。

这是因为，实验结束之后，有可能对方会说"10 次中，我猜中了 6 次，超过了一半，所以你要认可我'猜对了很多'"。因此，一开始就有必要事先用"数值"来确定多大程度的概率是"猜中概率的基准线"。

统计学中，把"5% 以内"作为一个基准线，但是在医学、药学等必须注重严谨性的领域，根据工作内容的不同，比率可以有所不同。说到底，这不过是人制定的基准线，不是绝对的东西。

此外，就算 10 次里猜中了 10 次，是否就能说"拥有分辨味道的能力"？恐怕还是"只有神才知道"。（参照本章第 5 节）

费希尔自己也认为：不管怎么选择，也没办法完全排除因偶然的一致而可能产生的效果。他说："即便是 100 万次中只会出现 1 次的现象，也是有可能出现在我们眼前的。"

▶ 第 3 幕——费希尔的方法是怎样的？

最后，提出这个问题的费希尔自身的方法又是怎样的呢？

是否分为了 2 组？

其方法为：准备 4 个茶杯先放入红茶、4 个茶杯先放入牛奶，合计 8 杯，随机（打乱顺序）地让女士来猜。让女士试喝 8 杯红茶，提前告知对方其中有 4 杯先放了红茶，剩下 4 杯先放了牛奶，要求女士将 8 杯红茶，按照其加料的顺序分成 2 类。

因为要从 8 杯红茶里选 4 杯，所以其选择的方法是，最开始有 8 种选择，接着是 7 种、6 种、5 种，依次类推：

8 × 7 × 6 × 5 ＝ 1680 种

有如上可能，不过这 4 杯如何排列无关紧要（4 杯的排列方式是 4×3×2×1=24 种），将其排除掉的话：

1680 ÷ 24 ＝ 70 种

费希尔认为能从这 70 种可能中，完美地"一击命中"的话就行了（这种情况的概率相当于 1.4%）。不过那位女士有没有选中，文中没有提及。

那么，在下一节我们来看一下验证假设的流程，及其独特的理论吧。

2 什么是验证假设？

首先建立一个假设，如果该假设是正确的，那么一旦发生了"从概率的角度来说几乎不可能发生的事情"，就可以否定这个假设，并采用与之相反的假设——这就是验证假设的宗旨。

▶ 否定最初的假设

常常听人说，"验证假设在统计学中是最难的"。确实，当应用一种独特的理论的时候，如果对它不熟悉，是很难理解的。但是，前一节所述的"红茶女士"的故事，就是验证假设的案例，这也不是什么晦涩难懂的案例。那么，我们来了解一下验证假设的概要吧。

验证假设是这样的一个理论："建立一个假设 X 的时候，假设这个假设是对的，但是如果得出'从概率上来看不可能发生的、非常少见的事情发生了'这个结论的话，那么假设 X 错误的可能性很高"，从而否定最初的假设 X，而采用剩下的假设 Y。

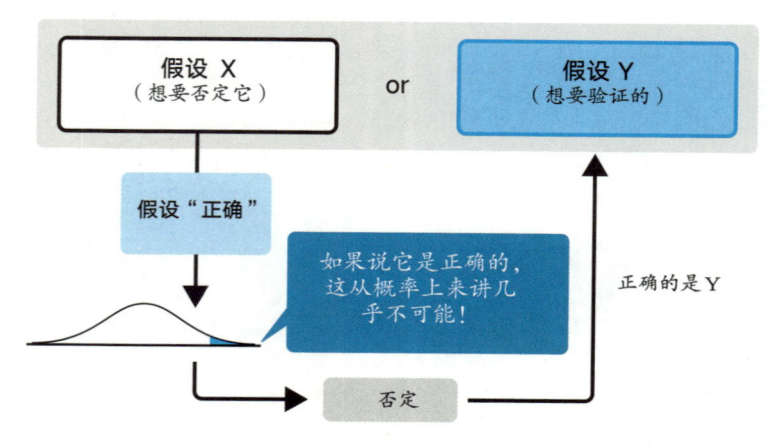

```
   ┌─────────────┐          ┌─────────────┐
   │  假设 X     │    or    │  假设 Y     │
   │（想要否定它）│          │（想要验证的）│
   └──────┬──────┘          └─────────────┘
          │                        ▲
          ▼                        │
    假设"正确"                      │
          │      ┌──────────────┐   正确的是 Y
          │      │如果说它是正确的，│
          ▼      │这从概率上来讲几│
         ╱╲      │乎不可能！      │
        ╱  ╲─────└──────────────┘
       ╱    ╲                    │
          │                      │
          ▼                      │
        ┌─────┐                  │
        │ 否定 ├──────────────────┘
        └─────┘
```

不过，假设 X、假设 Y 这些名词说起来太抽象了，我们来举个像红茶女士一样的例子吧。

比如，我们看到了有人在赌抛硬币是出正面还是反面。抛硬币的话，一般情况下，可以认为正、反出现的概率分别是1/2。

设局的庄家在吆喝"我来一直赌'反面'吧，我的胜算不过1/2，有谁要赌'正面'吗？一次100块。哎，赌'正面'赢了的人我出300块！怎么样，来玩吗？"

赌局正式开始了，不知道为什么，反面连续出现了三次，如果庄家一直赢的话，任凭谁都会觉得"奇怪"吧。

> 好，准备开始了，正面没有吗？正面、正面……

> 不可以赌反面吗？

▶ "非常少见的事情发生了"

你或许也觉得可疑，但是该如何指出其中的可疑之处呢？如果直接对庄家说："你这硬币怕是做手脚了吧？"对方怕是会反驳你说："您这话太冤枉人了，虽说抛硬币的正反面出现的概率是1/2，但也并不是规规矩矩地按'正、反、正、反'的顺序出现，像我这样一生都在抛硬币的人就知道，连续三次左右抛出反面，这压根算不上偶然，不过是寻常事罢了"。

这个庄家所言不假。但是，硬币是不是做手脚了要另说。于是，我们换个方向来针对他。

首先，你怀疑"那是个造假硬币"，想要验证。你想要验证的想法（这就是造假硬币）叫作"对立假设"。为什么取了个"对立"的名字，一会儿你就知道了。

接下来，针对你的想法（对立假设），庄家会坚持说"不，这是普通硬币"。这是你想尽可能否定的假设。这种想否定的假设叫作"归零假设"。"归零"就是"无效，打回原形"的意思，所以"归零假设"就是"从一开始就认定其无效并验证的假设"。

- 想申明的假设 = 对立假设
- 想否定的假设 = 归零假设

这种情况下，因为只有"普通硬币、造假硬币"两个选择，所以"造假硬币"这个说法就成了"普通硬币（归零假设）"的对立面，也就被叫作"对立假设"。

▶ 有意水准、拒绝域和风险率

这部分的关键在于以下内容：

要事先用数值（概率）来规定"罕见"的分界线

用具体的数值（概率）来明确怎样才算"罕见"。否则的话，就会使表述变得模糊不清，让人无法判断什么程度算罕见，什么程度又不算了。①前一节里红茶女士的例子中，猜中 8 次以上的概率是 5.47%。因为

---

① 制作公司、公寓防灾会等的紧急情况手册时，也采用"大地震发生时，由领导对各部门做出恰当的指示……"这样模糊不清的表达方式的话，会导致发生紧急情况时，人们的行动混乱不一。此外，如果只说了"烈度 6 级以上"，而不说明"哪里的烈度是 6 级""出处是哪里"，也很难统一行动。应当像下面这样清楚地说明"如果气象厅发布本公司所在地（千代田区麹町）烈度 6 级以上时，在 × × 处集合"。

一开始事先确定了"5%以下",所以将"9次以上"而不是"8次"作为基准线,如果没有用数字确定的话,就有可能认可"8次也是5.47%,也行吧"的说法。

此外,因为很多情况涉及利害关系,所以就更有必要通过数值来表示和管理。

而且,如果有比确定的数值(概率)更小概率的事情发生了的话,那就不能再叫作"偶尔""偶然"了,肯定有某种必然的"有意义",因此,我们把这个基准线(概率)叫作"有意水准"。

并且,进入到这个有意水准了的话,能够认定"假定这个假设是对的,但同时不自然的、少见的事情发生了"的话,就可以驳回"最初的假设(归零假设)",在统计学中,把驳回这个行为叫作"弃却",而把比这个基准线往更少有的方向(非常少见的领域)的叫作"拒绝域"。

一般情况下常常会把拒绝域(也就是有意水准)定为5%(反过来说,进入95%以内的话,可以判断为"不能称作少有"),视情况不同,有时候这个拒绝域也可能是1%。

但是,不管是5%还是1%,都有犯错的危险性,我们将此称为"风险率"。

统计学利用数值来制定合理的判断标准,但是常常有5%(或者1%)的概率存在偏差,我们要认识到这点。

3 单方验证与双方验证

如果通过验证发现概率为95%，那么对于判断拒绝域有两种设定方法。不同的设定方法得出的判断结果也有所不同。

▶ **非常有利的单方验证**

> 前辈，我还有一个疑问：在之前的章节中，标有正态分布曲线，概率为95%的时候，曲线中间一定会有95%的一个大面积（概率），我一直觉得这个概率之外的部分就在两端。但是我看红茶女士的柱状图，只有右侧被认定为拒绝域。

> 好眼力。通过验证假设来确定拒绝域的时候，有两种确定方式，一是正态分布的两侧的"双方验证"，一是只在单侧的"单方验证"。

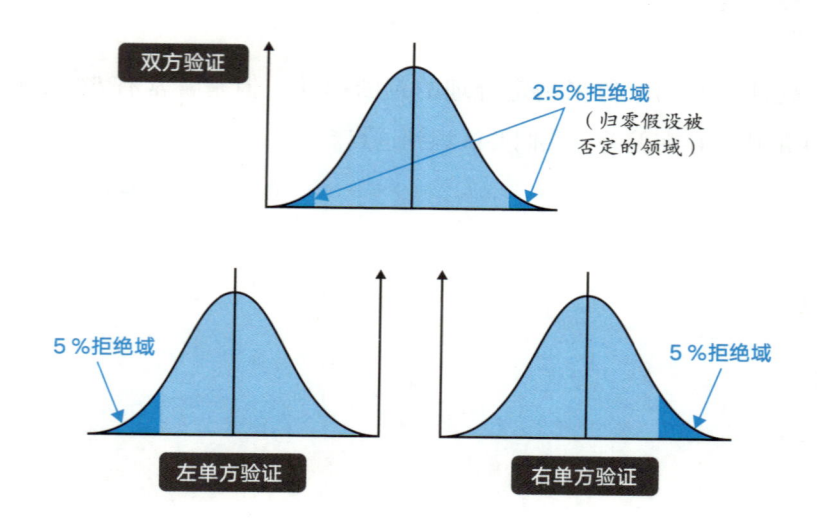

双方验证
2.5%拒绝域
（归零假设被否定的领域）

5%拒绝域　　　　　　　　　　5%拒绝域
左单方验证　　　　　　　　　　右单方验证

图中标注：红茶女士为单方验证

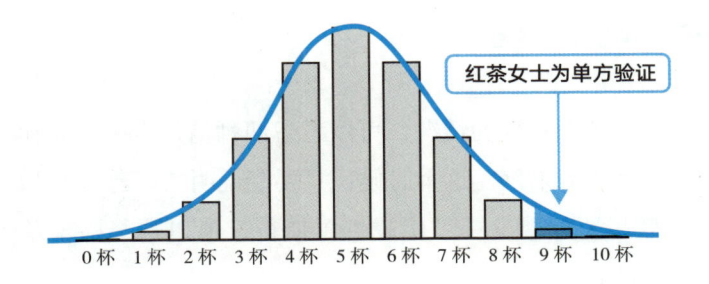

0杯 1杯 2杯 3杯 4杯 5杯 6杯 7杯 8杯 9杯 10杯

这就是单方验证啊，但从红茶女士的单方验证来看，归零假设的拒绝不应该是双方验证更有利吗？也就是说，应该采取对应假设才对，这是我的错觉吗？

你说得没错，好眼力。虽说同样的"5%的拒绝域"，如果单方验证的话，属于"5%"这个范围，就能驳回归零假设，但是采用双方验证的话，如果没有进入两端分别为2.5%的狭窄区域，就不会被驳回，只有这点是不利的。

假设归零假设的判定中，位于从右起的3.5%的位置，如果是双方验证的话就不属于2.5%这个范围，归零假设就不会被驳回，对立假设也就不会被采用。但是如果使用5%的单方验证的话情况又不一样了，结果是对立假设被如愿地采用了。单方验证比起双侧检验，只有一半的严格性，这点还是非常重要的。

那这样的话，不是太狡猾了，或者说有失公允吗？这不会与统计学的公平性有关系吗？

当然，不能随意选用双方验证或者单方验证。选择哪一种，是由归零假设的设定方式和条件所决定。

▶ 用药物的案例来思考

比如开发新药的情况，可以考虑两种情形。一种是比之前任何药物都要效果好。这个时候，只要能说明"新药 X 比以前的旧药 Y 效果要好"这一"优越性"就行，所以选择检验单侧（右侧）就足够。

原来如此，红茶女士的例子也是这样吧，没有必要检验"全部都没猜中"这种情况。

红茶女士确实如此。另外一个例子是叫作"非劣效性试验"的药物实验。实际上，已经有效果非常显著的药物，但是这次的新药有个副作用很少的优势。因此就没有必要比以前的药物有效果，只要不比之前的差（非劣效性）就行。在这样的非劣效性的试验中，把是否不亚于旧药这一点考虑进去，选择双方验证更好。

双方验证、单方验证的判断，还挺难的啊。

④ 验证假设的顺序

> 只要理解了验证假设的原理，之后只要按照验证假设的顺序就能验证。最后，让我们来总结一下验证假设的顺序吧。

当我们不熟悉假设检验的方法和理论的时候，难免会摸不着头脑。但是只要我们理解了其原理，之后只要按照顺序进行思考，就能得到结论。在此，我们复习一遍这个顺序吧。

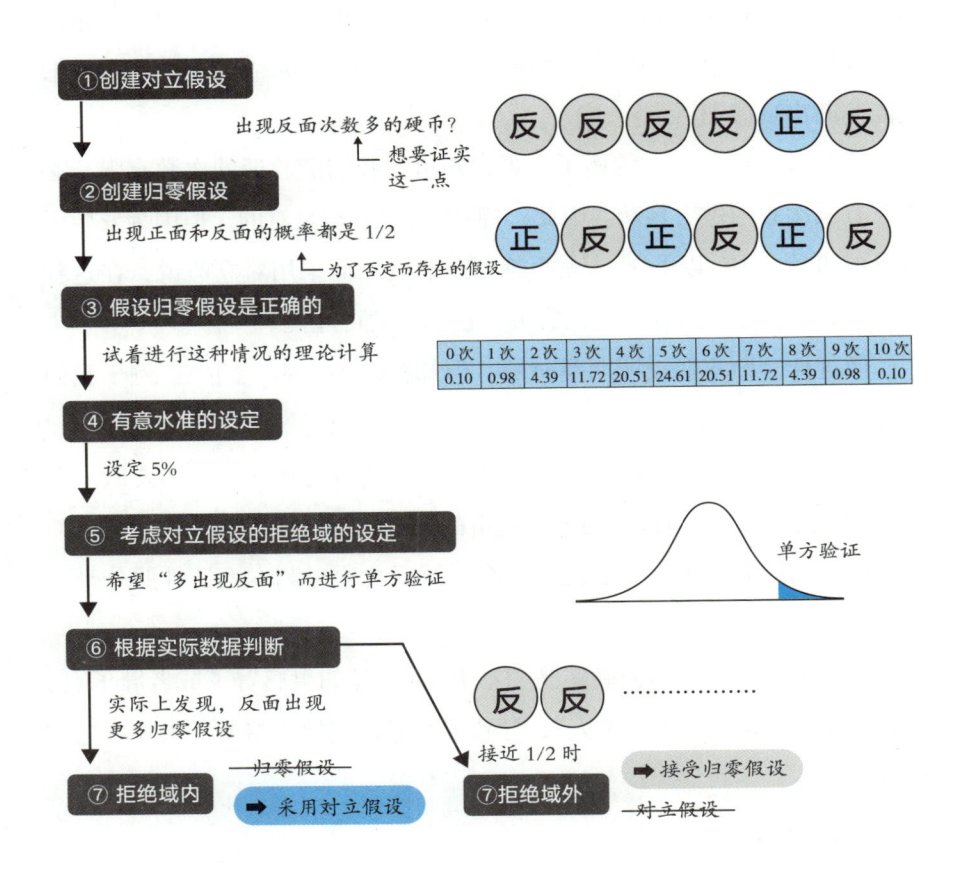

① 创建对立假设
出现反面次数多的硬币？ 想要证实这一点

反 反 反 反 正 反

② 创建归零假设
出现正面和反面的概率都是1/2
为了否定而存在的假设

正 反 正 反 正 反

③ 假设归零假设是正确的
试着进行这种情况的理论计算

0次	1次	2次	3次	4次	5次	6次	7次	8次	9次	10次
0.10	0.98	4.39	11.72	20.51	24.61	20.51	11.72	4.39	0.98	0.10

④ 有意水准的设定
设定 5%

⑤ 考虑对立假设的拒绝域的设定
希望"多出现反面"而进行单方验证

单方验证

⑥ 根据实际数据判断
实际上发现，反面出现更多归零假设

反 反

接近1/2时
⑦ 拒绝域外 ➡ 接受归零假设
——对立假设——

——归零假设——
⑦ 拒绝域内 ➡ 采用对立假设

5 验证要注意避免出现两种错误

验证的判断并不是无懈可击的。"5% 的显著性水平"同时也意味着"5% 的风险率",也就是说,最多可能出现 5% 的错误。这种情况下,有两种常见的错误。

▶ "第一类错误"不认真货

前面已经说了,假说检验并不是无懈可击的,甚至可以说"常常隐藏着搞错的危险性"。到底是普通硬币还是造假硬币,只要无数次地抛,就能判断出真假吧。

但是,从红茶妇人的例子也可以知道,我们能验证的次数有限,必须在有限次数中做出判断。因此,"假设归零假设是对的,但因为发生了罕见的事情(5% 以下)",就拒绝归零假设,而采用对立假说,在这种情况下,就存在"实际上归零假说是正确"的可能性。

像这样"归零假设明明是对的,但却被认为不对"的失误例子我们称为第一类错误(α 错误)。

关于第一类错误,可以联想一下安检就很好理解了。比如要做一个"绝对不让假冒之人通过"的无懈可击的安检,

假设我们完成了一个系统,这个系统只会通过和本人证件照分毫不差的人。

在这种情况下,即便确实是"本人",但是如果感冒了或者胖了点,都有可能被识别为"不是本人",导致无法通过安检(结果,也并不是无懈可击)。

第一类错误　　　　　　第二类错误

本人　冒牌货

▶"第二类错误"会放过冒牌货

也有相反的例子。"明明归零假设不正确，却不拒绝"，也就是说，将"错误的东西当作正确"的例子。我们把这叫作"第二类错误"（β错误）。

对此，大家可以联想一下间谍电影（还是安检的例子）。最近，别说是指纹了，就连虹膜认证，也有间谍把别人的虹膜复刻成隐形眼镜放入眼中，巧妙地蒙混过了安检。冒牌货假装本人也能顺利通过。

第二类错误，对安检系统来说是非常令人头疼的。这相当于漏掉了真正的犯案凶手。

▶风险率上下浮动的权衡

在统计学的检验中，把有意水准设定在"5%""1%"等形式来进行，如果进入到了这个区域，就否定归零假设，而采用对立假设。这时，通过5%的有意水准而被否定的归零假设，实际上有可能是真的。也就是说，本来不是造假硬币而是货真价实的普通硬币，但是限于一次检验中，偶然"10次中9次"都总是出现"反面"，为此，被人怀疑，而被叫作"冒牌货"的可能性有"5%"，这是冤枉的。

就像有意水准也被叫作"风险率"一样，有可能犯"明明是正确的，却不正确"这样的判定失误。为了控制第一种的失误，应该不要过于收紧有意水准（风险率），不过这么一来，造假硬币的"造假"认定又会变得难，变得轻而易举地通过检验了。

  这里能肯定的是，有意水准的设定是一个取舍关系，也就是"设定了这个，那个就没法设定"。不能同时减少两个失误。既然两者关系是取舍关系，那就说明没有彻底的解决方法，只能在不同的情况下制定相应的有意水准。

番外篇

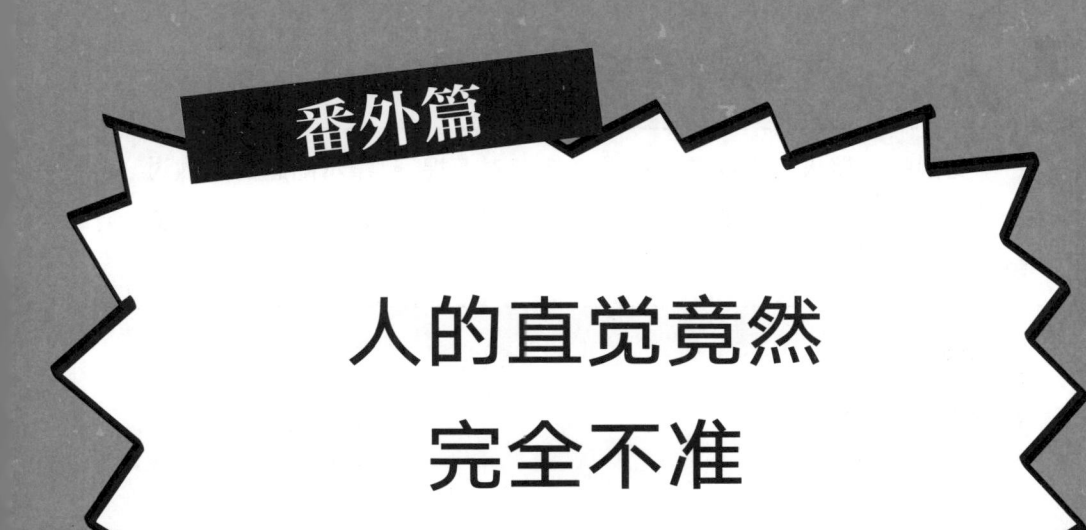

人的直觉竟然完全不准

在本书的最后,我通过几个例子来展现"根据人的直觉回答"与"概率性回答(有逻辑的回答)"之间,有着多么巨大的差别。看了这些例子,你会感受到概率和统计学的思考方式有多么重要。

1 奖品在哪里，概率是 1/2 吗？

美国的一档人气电视节目引发了全美对蒙提·霍尔问题的热烈讨论。这一问题引出了"用直觉去理解"还是"用概率思维去思考"的争论。

▶汽车藏在哪里？

蒙提·霍尔是备受欢迎的主持人，在美国主持一档游戏节目"Let's make a deal（来做个交易吧）"。这档节目从 1963 年开始播出，到 1991 年结束，在 27 年间一共制作播出了 4500 期。著名的蒙提·霍尔问题便出自这个节目。

该戏参与者面前有三扇门分别写着 A、B、C，其中有一扇门后藏着奖品（一辆汽车），另外两扇门后则是藏着山羊（没有中奖）。

我们假设游戏参与者为 S，S 参加的游戏是需要从 A、B、C 三扇门中选一扇，如果选中有汽车的门，那么 S 就能获得奖品。

如果参与者 S 说选择了 A 门，那么蒙提·霍尔会把 B 门或者 C 门打开，展示门后没有汽车（露出山羊）。现在假设打开的是 B 门。当然蒙提·霍尔自己是知道哪扇门后有汽车的。

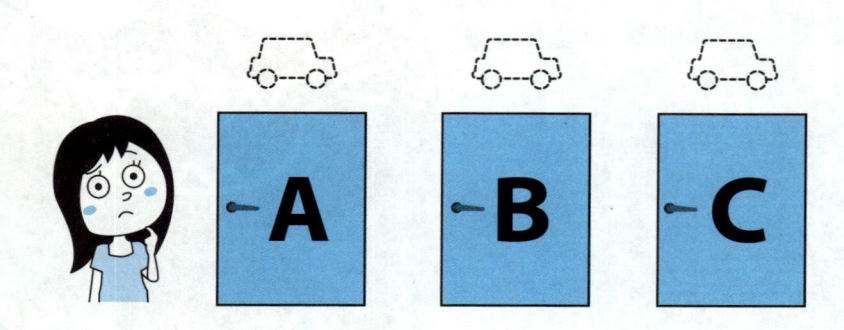

参与者选了 A，蒙提·霍尔打开的门是 B，那么，奖品藏在 A 或者是 C 门的后面。现在就变成了二选一的问题。

▶可以改变原来的选择，换另一扇门！

接下来就是这个游戏的独特之处，蒙提·霍尔会对参与者 S 说：

"S 女士 / 先生，在这里我们再给您一次机会，现在您可以改变您的选择，选择 C，当然您也可以保持原来的选择 A 不变。那么请问您最终的选择是？"

如果是你的话会如何选择呢？最开始有三扇门，没有奖品的门已经被排除了。现在奖品就在两扇门之中的一扇后面。因为是二选一的问题，即便保持原来的选择选 A，或者是改成 C，获奖的概率是不变的……当然如果心境发生变化，改选 C，从概率的角度思考其实是一样的……

节目的名字叫"Let's make a deal（来做个交易吧）"指的就是这个环节。

▶来自智商 228 的"神谕"

这时，一位名为玛丽莲·沃斯·莎凡特（美国，1946—）[①]女性出现了，她的登场引发了一场全美大讨论。她的名字在第四章中曾出现，她是"拥有世界上最高智商（228）"的女性。她是超级名人，她的专栏

[①] 当事人玛丽莲在自己的著作《难以察觉的数字陷阱》（*The Power of Logical Thinking*）中，用实名信件等内容对蒙提·霍尔问题进行了详细的说明。众多数学家对玛丽莲进行了猛烈的抨击，甚至有人说"我看你就是那只山羊！"在玛丽莲遭受的抨击中，有一封值得人玩味的信件，这封信（来自美国陆军研究所的某位博士）讽刺道："如果这些博士学者都错了的话，那么这个国家肯定存在很严重的问题。"这些信件都被玛丽莲公布了出来，所以这些博士和学者也挺令人同情的。

Ask Marilyn（向玛丽莲求教）被刊载在 350 家报纸上，拥有 3600 万的读者。1990 年 9 月，她在专栏中写道："如果改变选择，中奖的概率会翻倍。"

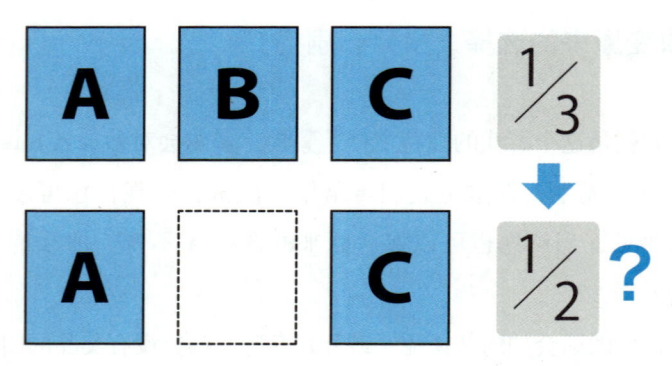

对此言论，有很多人，包括数学家，给玛丽莲邮寄去了劝告的信件："玛丽莲你的想法错了。"那么到底谁才是正确的呢？

让我们再回顾一次游戏的内容。主持人蒙提·霍尔打开了 B 门，展示"B 门后只有山羊（没有中奖）"的时候，就确定了汽车在 A 或者 C 门后面。最初是三选一，现在是二选一。

换言之，之前概率是 1/3，现在获得了新的信息后，概率变为 1/2 而已，不管是否改变选择，最后获奖的概率应当是相同的。那么玛丽莲所说的"如果改变选择，中奖的概率会翻倍"就是大错特错。大家对玛丽莲产生了怀疑，"连这么简单的问题都想不明白"，导致她的身价下跌。但是玛丽莲也不让步，争论始终没有结果。

最终电脑的模拟演算结果显示：如果改变选择，中奖的概率的确会翻倍……

▶ **用极端的例子来思考就能想通！**

玛丽莲是正确的，争论有了结果。但是一场如此大规模的争论仅用电脑做出了判断就得出结论，是无法令人信服的。如果只是"电脑知道答案"，那真相则还是藏在黑箱之中。那么，我们应该如何思考这个问题呢？

> 让我们整理一下思路。参与者 S 选择了 A 门，选 A 门中奖的概率为 1/3。剩下的门，B 和 C 每个门都是 1/3 的概率，所以 S 没有选择的 B 和 C 的概率加起来是 2/3。之后，主持人蒙提·霍尔打开没有奖品的 B 门。假设这时 B 和 C 加起来是 2/3 的概率全部转移到 C 的概率（2/3）上的话，A：C = 1/3：2/3 = 1：2
>
> 这就是说，如果改变选择，猜中的概率就会变为 2 倍。

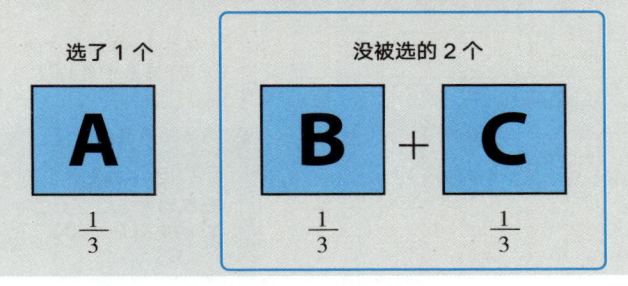

选了 1 个　　　　没被选的 2 个

A	B + C
$\frac{1}{3}$	$\frac{1}{3}$　　$\frac{1}{3}$

> 我不能理解。B 门和 C 门分别拥有两个不同的概率，为什么排除掉 B 门，之后，只有 C 门的概率得到了增加呢？

> 如果不能理解的话，就用极端的例子来思考吧。
> 现在不是 3 扇门而是 100 扇门，假设奖品汽车就藏在其中一扇门后。S 选择 1 号门，那么 1 号门的获奖概率仅为 1/100。S 没有选择的 99 扇门中的一扇门后藏着奖品的概率为 99/100。换言之，二者之间的概率相差 99 倍，对吗？

> 确实如此，我好像有点明白了。请继续说明。

> 嗯。接下来把 S 没选的剩下的 99 扇门一扇扇打开，直到打开第 98 扇门都没有出现奖品。这时只算 S 选的门和主持人故意没有打开的最后一扇门，一共有两扇门，此时这两扇门就形成了二选一的问题。

选择的门
1/100 的概率

未选择的门
99/100 的概率

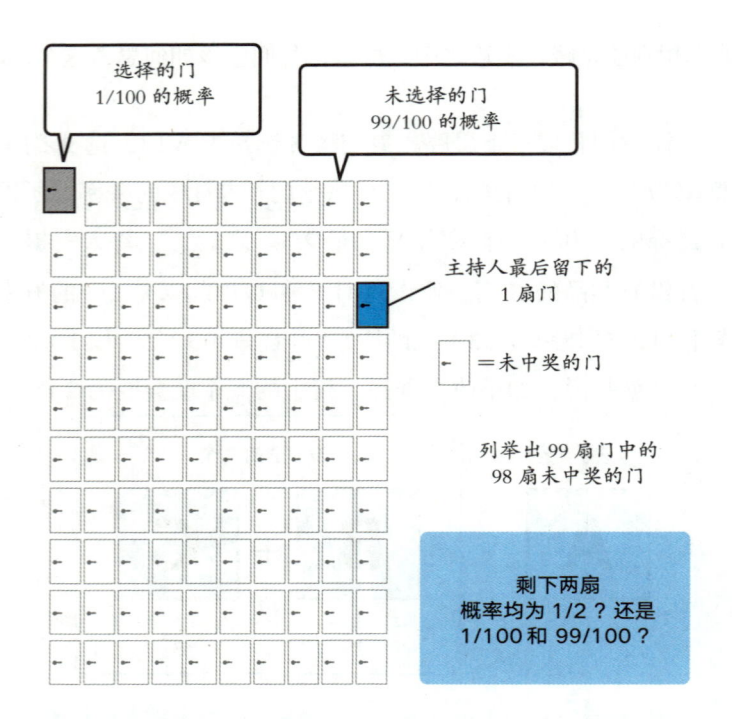

主持人最后留下的
1 扇门

= 未中奖的门

列举出 99 扇门中的
98 扇未中奖的门

剩下两扇
概率均为 1/2？还是
1/100 和 99/100？

> S 选择的那扇门和最后剩下的一扇门之间相差 99 倍的概率？无无无……无言以对。我已经领会极端例子的厉害之处了。

> 那我们再举一个更加极端的例子吧。有 10,000 扇门，只有一扇门后面有奖品，S 只选择了一扇门。S 的中奖率是 1/10,000。那么剩下的 9,999 扇门中有奖品的概率是 9,999/10,000。接下来主持人把"没有奖品"的 9,998 扇门打开，只剩下最后一扇门。那么 S 选择的那扇门和没有被打开的门，中奖的概率分别都是 1/2 吗？

> 我认输。我已经彻底想通为什么改变选择，中奖的概率会翻倍了。因为一开始只有三扇门，让我产生了误解。

这就是一个典型的可以解释，直觉上的"正确"和用逻辑思维总结得出的"答案（正确答案）"有着天壤之别的例子。

▶ 囚犯问题

类似的案例，还有囚犯问题。

三个囚犯（X、Y、Z）中的一人将获得赦免，无罪释放。但是不知道到底是三人中的哪一个。但是监狱的看守似乎知道谁将会被无罪释放……

这时，犯人 X 开动脑筋对监狱看守说："既然是三人中选一个人的概率，那么至少除了我，Y 和 Z 中肯定有一个人不会被赦免。这样的话你就告诉我'不会被赦免的人'的名字吧。"看守觉得他说得有道理，就告诉 X 道："Y 不会被赦免。"

这时 X 心中大喜："我问看守之前我获得赦免的概率是 1/3，但是现在我知道 Y 不会被赦免，那么我被赦免的概率就提升到了 1/2。"那么，囚犯 X 是不是高兴得太早了？

2 如何看待罕见病的阳性反应？

再给大家介绍一个直观上认为正确的答案其实是错误的例子。这些在概率和统计的世界里是经常被提及的，在日常生活中也是真实存在的。

平时总是精神百倍的小 A，突然变得郁郁寡欢。于是有人询问道："怎么了啊？"小 A 回答说："在一项发病率为万分之一的罕见病筛查中，我的检测结果为阳性。根据检测试剂的精确度高达 99%……"

进一步详细询问，据说在没有患这种罕见病的情况下，出现阳性反应的概率只有 1%。那么，小 A 为罕见病患者的概率应该怎么算呢？我们按照日本人口为 1.2 亿人来考虑。

▶ **通过画图来考虑**

小 A 是否真的为罕见病患者尚未可知。我们只是通过数值来冷静地思考一下，在检查结果为阳性的情况下，实际患病的概率为多少。

首先描绘出如下页所示的图。蓝色部分是实际患罕见病的人。其中①代表的人出现阳性反应，由于精确度有 99%，所以②代表的 1%，这部分人在判定中被遗漏了。

而右侧的③和④表示没有患病的人，④表示错误地出现阳性反应的人。由于这里也有 1% 的判断失误，所以③是 99%，④是 1%。用饼状图表示的话，未患此病而出现阳性的人，好像几乎是没有的。

由于小 A 出现阳性反应，在阳性反应（①+④）中，让我们来试着思考小 A 实际上患病的概率（①为一个人的概率）。应该怎么考虑呢？

罕见病患者（蓝色部分）

判断　① ③ 未患病的人　99%

判断失误　② ④ 阳性反应（实际上未患病）　1%

阳性反应（1%）

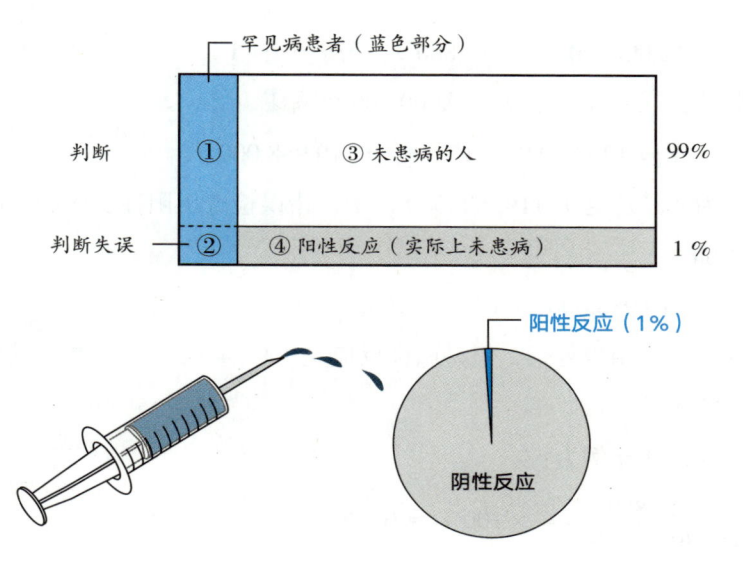

阴性反应

▶ 试着计算实际的人数

让我们来计算①~④之间的人数。首先，因为①和②也就是实际患病的人数为"一万个人中一个人"，因此：

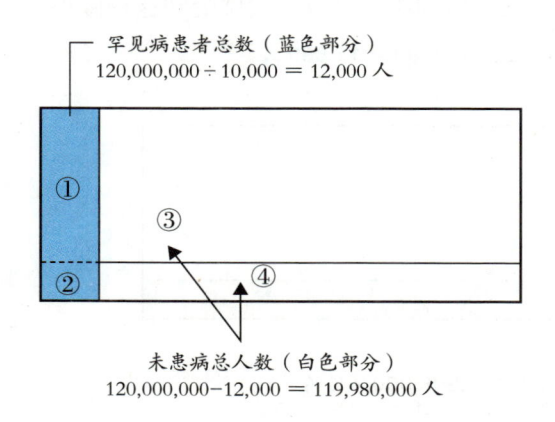

罕见病患者总数（蓝色部分）
120,000,000 ÷ 10,000 = 12,000 人

未患病总人数（白色部分）
120,000,000 − 12,000 = 119,980,000 人

① + ② = 120,000,000 × $\dfrac{1}{10,000}$ = 12,000 人

并且，①是"12,000 人的99%"，因此：

① = 12,000 × 0.99 = 11,880 人 ………… （1）

此外，③ + ④等于从 120,000,000 减去①、②，

③ + ④ = 120,000,000 – 12,000 = 119,988,000 人

因为④是从这个 119,988,000 人中，错误检查出阳性反应的人的占比 1%，因此：

④ = 119,988,000 × 0.01 = 1,199,880 人 ……… （2）

计算虽然相当复杂，但是阳性反应是（1）+（2）的人数，其中真正患该病的人是（1）。

因此，该比例为：

$$\frac{11,880}{11,880 + 1,199,880} \times 100\% \approx 0.98\%$$

通过计算结果我们可以看到，即使是阳性反应，实际上患罕见病的概率也只有不到 1%。

当然，还是应该再次接受检查为好。但可以说，这是体现人的感觉与现实的巨大差距的一个事例。

如下页所示的图所描绘，可以切实感受到这种微小。

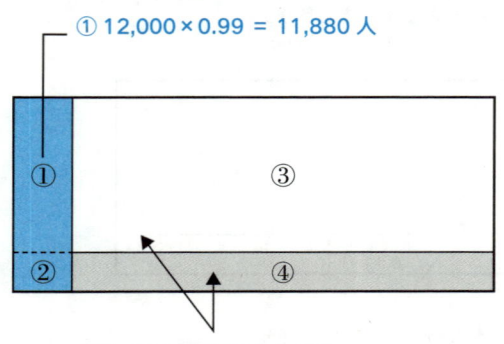

① 12,000 × 0.99 = 11,880 人

③

② ④

④为 119,998,000 人 1%
119,998,000 × 0.01 = 1,199,880 人

$$\frac{①}{④+①} = \frac{11,880}{1,199,880 + 11,880} = \boxed{0.0098}$$ ← 不到 1% 的概率

👤 =100,000 人

实际患病的人
（12,000 人）
其中，阳性反应的有 11,880 人

错误检查出
阳性反应的人
（1,199,880 人）

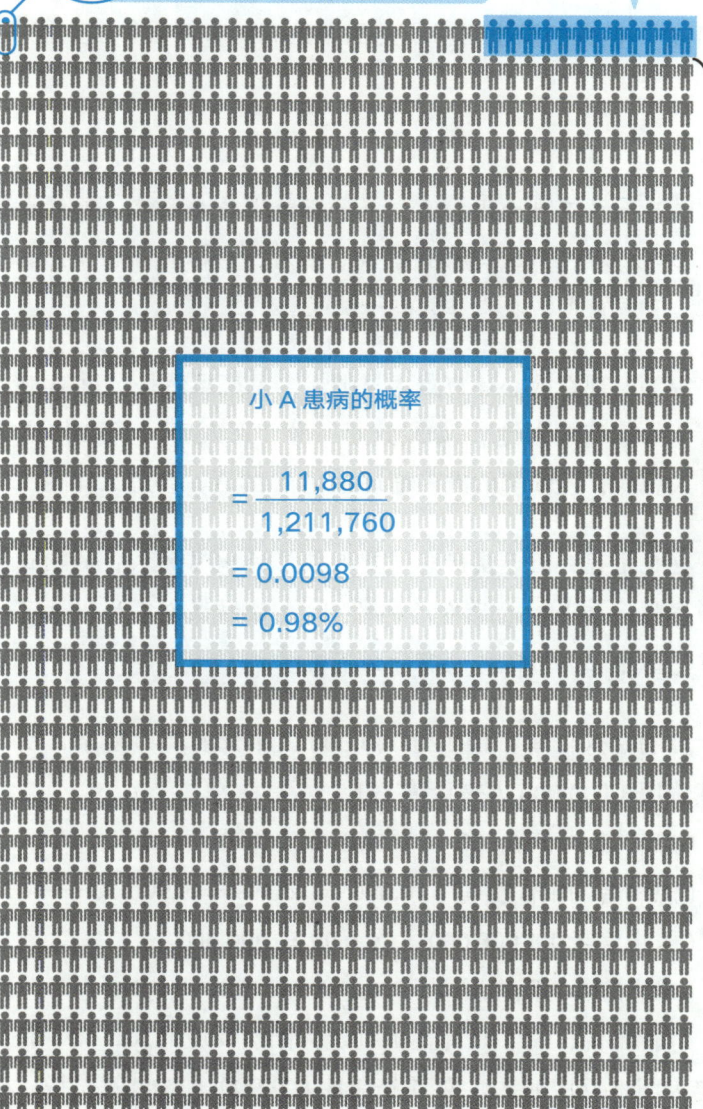

未患病，
且呈现阴
性反应
的人

小 A 患病的概率

$$= \frac{11,880}{1,211,760}$$

$$= 0.0098$$

$$= 0.98\%$$

番外篇

人的直觉竟然完全不准

▶ 真的没关系吗？

接受健康检查后，如果医生说"需要做进一步检查"，自己肯定会心情低落，如果被告知疑似有息肉，则会非常担心吧。虽然也想安慰自己不用那么担心，但真的没事吗？从上面罕见病的事例看，多少能安心一些吧。

最后还是有点忐忑，再检查一下就没关系了吧。虽然我爸爸说："才没必要再次检查呢。"现在来看，好像的确没必要过分担心呢。多亏前辈，我现在放心一些了。

等等，现在放心还有点太早吧。罕见病虽然是"每10,000人中有1人患病的占比"，如果这是一种"百人病"，每100人中就有1人患病，检验药的准确度还是99%的话，会怎么样呢？

也就是说，对于实际患"百人病"的99%的人，的确正确判定为阳性，但是对于没有患病的1%也被错误判定为阳性了。是这样一回事吧，好像并没有什么不同吧？

真的是这样吗？用120,000,000人来计算有些复杂，所以我们试着用1,000,000人来计算一下。

（患病者）1,000,000人 × 0.01 = 10,000人
（患病者的阳性反应）10,000人 × 0.99 = 9,900人……（1）
（未患病者）1,000,000人 × 0.99 = 990,000人
（未患病者的阳性反应）990,000人 × 0.01 = 9,900人……（2）

也就是说，（1）是为正确判定为阳性反应的人，（2）是错误判定为阳性反应的人。两者分别各为9,900人。也就是说，被判定为阳性的情况下，虽然也有错误判定的可能，但是的确患"百人病"的概率有50%，可以说是各占一半。

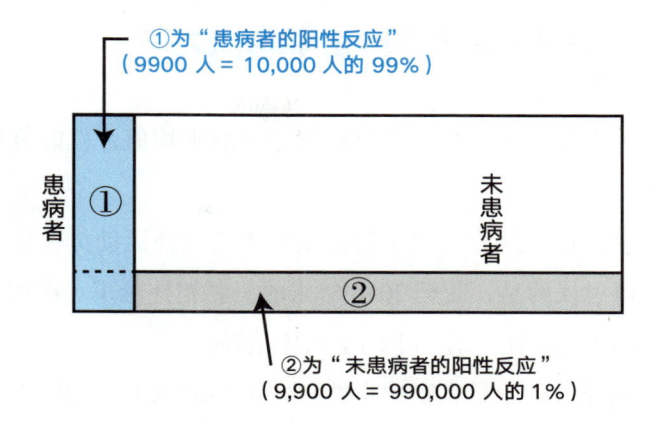

①为"患病者的阳性反应"
（9900 人 = 10,000 人的 99%）

患病者 ①

未患病者

②

②为"未患病者的阳性反应"
（9,900 人 = 990,000 人的 1%）

> 咦？真的吗？这并不是因为简化为 1,000,000 人来计算的原因吗？如果用 100,000,000 人来计算的话，不会算出"果然还是 1%"的结果吗？

> 当然。结果是一样的。100,000,000 人的话，可以心算一下：
> （患病者）100,000,000 人 ×0.01 = 1,000,000 人
> （患病者的阳性反应）1,000,000 人 ×0.99 = 990,000 人……（1）
> （未患病者）100,000,000 人 ×0.99 = 99,000,000 人
> （未患病者的阳性反应）99,000,000 人 ×0.01 = 990,000 人……（2）因此，（1）和（2）的值是相同的，都是 99,000,000 人。所以出现阳性反应的话，的确是有各占一半的概率的。不论如何，患病的人查出阳性的概率，与检查出阳性的人的患病概率是不同的，不能混为一谈。

> 我还是告诉爸爸去接受进一步检查吧。

真是意外，相扑冠军的体重在平均值之下

有一个十分有趣的发现，那就是仅仅通过取平均值，就能打破人的常识。

比如，很多人都会从直觉上认为体重较重的相扑运动员在比赛中更为有利。但不可思议的是，截至2016年末的三名相扑冠军（白鹏、日马富士、鹤龙）的体重都比一流选手的平均体重轻。

为什么在相扑这种力量竞赛中也能以"平均值以下"的体重获得冠军呢？或许他们是以速度和技巧来弥补的。如此考虑的话，企业也好，人也好，其实都可以通过各种各样的战略方法来取得胜利。

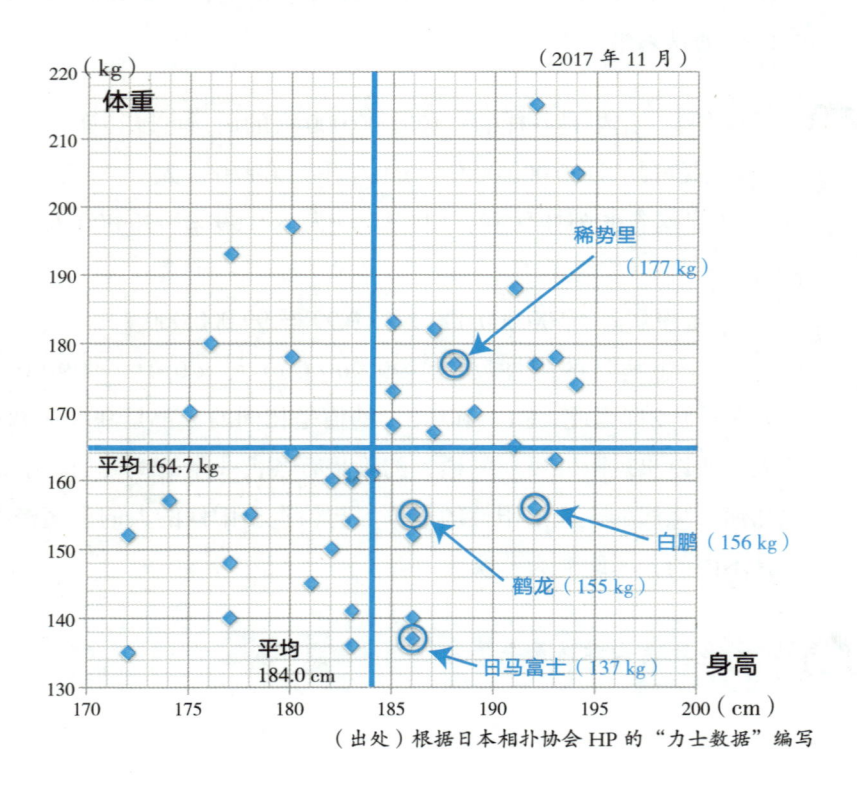

（2017年11月）

稀势里（177 kg）
平均 164.7 kg
白鹏（156 kg）
鹤龙（155 kg）
日马富士（137 kg）
平均 184.0 cm

（出处）根据日本相扑协会HP的"力士数据"编写